Andrea & Harald Hesse

Blaue Glücksorte in München

Fahr raus & tauch ein

Dieses

Glücksbuch

ist für

Liebe Glücksuchende,

München ist bunt – mit sehr viel Blau. Die bayerische Metropole ist eben am Wasser gebaut. Ohne Isar, die 14 Kilometer durch die Stadt fließt, hätte sie es wohl kaum vom einstigen Dorf zur Residenz- und heutigen Weltstadt mit imposanten Prachtboulevards gebracht. Auch die pittoresken Wasserspiele und Kanäle der Schlossanlage Nymphenburg sind vor allem dem Wasserstoff der Würm zu verdanken. Und dass sich die Altstadt einmal mit dem Beinamen „Klein-Venedig" schmücken durfte, geht auf die Kappe der Stadtbäche und inzwischen abgetauchter Wasserwege. Heute ziehen sich etwa 700 Brunnen wie ein blaues Band durch die Stadt. Viele davon sind so prächtig, dass sie einen Vergleich mit ihren wassersprühenden Verwandten in Rom und Paris keinesfalls scheuen müssen. Nicht unterschlagen wollen wir auch die vielen Seen, Weiher und Bäder – meist in weitläufigen Grünanlagen gelegen – und den blauesten Pool mit dem blauesten Wasser hoch über den Dächern der Stadt. Und den Gondoliere im Schlossgarten, den Touristendampfer auf der Brücke und, und, und. Sie alle tragen ihren Teil zum blauen Flair Münchens bei. Für dieses Buch haben wir unsere 80 Favoriten für Sie ausgewählt. Sie werden sehen: In und durch München fließt das Glück.

Andrea & Harald Hesse

Deine Glücksorte ...

... noch mehr Glück für dich

Lebensfrohe Sitten

1 Fischbrunnen auf dem Marienplatz

Der Fischbrunnen vorm Neuen Rathaus inmitten der Stadt hat eine sehr lange Geschichte. So lang, dass der Stoff für mehrere Staffeln einer Netflix-Serie reichte. Der Brunnen selbst ist zwar noch nicht so alt – gebaut in den 1860er-Jahren, im Zweiten Weltkrieg zerstört und 1954 mit den erhalten gebliebenen Figuren wieder errichtet. Einen Brunnen aber hat es auf dem Marienplatz, vormals Schrannenplatz, nachweislich bereits seit 1343 gegeben. Fischbrunnen heißt er übrigens, weil auf dem Platz nicht nur mit Getreide und Eiern gehandelt wurde, sondern auch mit Fisch. Einst war er ein Schöpfbrunnen, heute dient er zur Zierde – und steht für allerlei Brauchtum, das von Freude, Zuversicht und Glück kündet. Seine anmutige Gestaltung ist sichtbarer Ausdruck purer Lebensfreude. Um die mit einem bauchigen Fisch gekrönte Säule scharen sich drei bronzene Gesellen mit Kübeln in der Hand. Daraus fließt ein Wasserstrahl ins türkisfarbene Bassin, der das erfrischende Nass hell leuchten lässt – bei Sonne besonders kräftig. Dort herrscht ein Betrieb, man könnte meinen, die ganze Stadt sei auf den Beinen. Am dichtesten ist das Gewimmel aber, wenn alle drei Jahre an einem Sonntag im September der Metzgersprung stattfindet. Frischgebackene, mit Kalbsschwänzen behängte Gesellen hüpfen dann zur Freisprechung in die Wogen. Die Schäffler (Fassmacher) dagegen tanzen ihren Reigen im Sieben-Jahres-Turnus – festlich in rote Jacken, grüne Kappen und Lederschurz gewandet: das nächste Mal 2026. Beide Bräuche reichen bis ins 16. Jahrhundert zurück, als die Pest auch in München wütete. Metzger und Schäffler waren damals die Ersten, die mit Musik, Tanz und einem Sprung in den Brunnen den Leuten signalisierten, dass man wieder auf die Straße gehen und das Wasser trinken kann. Fehlt noch das Beutelwaschen im Fischbrunnen am Aschermittwoch. Dieses Ritual soll übers Jahr vor Geldknappheit schützen und reichlich monetäres Glück bringen. Kurzum, den Brunnen umranken viele Geschichten. Wer sie glaubt, wird selig.

TIPP

Zwei Gehminuten vom Brunnen entfernt liegt der berühmte Viktualienmarkt mit seinen bunten Ständen.

- Fischbrunnen, Marienplatz 8, 80331 München
- ÖPNV: Bus 52, 62, 132 und U 3, U 6 sowie S 1–4, S 6–8, alle Haltestelle Marienplatz

Dampfer auf Brücke

2

Alte Utting in Sendlings Schlachthofviertel

Kurz bevor die Lagerhausstraße unterm blauen Sendlinger Himmel in die Thalkirchner Straße übergeht, trifft man sie. Dort ruht sie auf einer still gelegten Eisenbahnbrücke, wie aufgebockt im Trockendock, und ragt mit Bug, Heck und Freiluftdeck aus dem urbanen Kontext hervor: die Alte Utting. Von 1950 bis 2016 war sie Teil der bayerischen Seenflotte und zog als Ausflugsdampfer MS Utting, auf dem im Laufe der Jahre viele Gäste viele Feste feierten, ihre Kreise über den Ammersee. Als das Schiff seine letzte Reise Richtung Schrottplatz antreten sollte, enterte der Münchner Wannda Verein die Kommandobrücke und nahm eine entscheidende Kursänderung vor. Im Einklang mit seinem Ziel, Platz für Träume, Kunst und Kultur zu schaffen, landete er nach abenteuerlicher Fahrt mit der 40 Meter langen und 7,5 Meter breiten Utting im Schlachthofviertel an. Binnen 18 Monaten verwandelte sich auf kreativ-pfiffige Weise der traditionelle Touristendampfer in ein imponierendes Kunst- und Kulturprojekt. Seither versprüht der umgebaute Dampfer nicht nur historischen und nostalgischen Charme. Vielmehr kredenzt er seinen bis zu 400 möglichen Passagieren – über mehrere Ebenen verteilt – gute Laune, anregende Unterhaltung sowie delikate Speisen und erfrischende Getränke. Und hinterm Heck des Schiffes geht es munter weiter: Im einladenden Biergarten können sogar noch weitere 200 Utting-Freizeitmatrosen feucht-fröhliche Stunden verbringen und das Leben feiern. Das ganz große Kino findet aber auf dem Kapitänsdeck der Alten Utting statt. Wer dort nur einmal in den Genuss eines malerischen Sonnenuntergangs über München gekommen ist, der wird dieses Erlebnis nicht nur nie mehr vergessen, vor allem will er es nie mehr missen. Falls es wider Erwarten doch einmal regnen sollte, heißen den Gast im Heck- und Bugsalon heimelige Sitzplätze unter Deck willkommen. Und im ehemaligen Maschinenraum ist außerdem viel Platz für ein abwechslungsreiches Kulturprogramm. Es scheint, die Alte Utting lässt keine Wünsche offen. Na dann: Ahoi!

TIPP

In unmittelbarer Nähe befindet sich das Kneipen- und Veranstaltungsgelände vom Bahnwärter Thiel.

- Alte Utting, Lagerhausstraße 15, 81371 München, Tel. (0 89) 70 77 70 https://alte-utting.de/
- ÖPNV: U 3 und U 6, Haltestelle Poccistraße oder Implerstraße; Bus 132 und 62, Haltestelle Lagerhausstraße

Halbrundes Ruheplätzchen

3

Klenzes steinerne Bank im Englischen Garten

Gegenüber vom Monopteros, dem von Säulen getragenen Rundbau und Wahrzeichen im südlichen Teil des Englischen Gartens, liegt eine von Bachläufen umschlossene Insel. Dort befindet sich im Halbschatten hochgewachsener Bäume eine ganz besondere Ruhebank. Halbkreisförmig steht sie auf einem runden, podestartigen Fundament aus Stein und misst einen Durchmesser von mehr als sieben Meter. Die massive Rückenlehne aus Kalkstein trägt bis heute die gut lesbare Inschrift: „Hier wo ihr wallet da war sonst Wald nur und Sumpf." Wobei das veraltete „wallet" eine Tasche bezeichnet, die man auf Reisen mit sich führt und mit Dingen befüllt, die man halt so braucht. Die Gravur heißt ausdrücklich jeden willkommen, der durch den Englischen Garten, weltweit eine der größten städtischen Parkanlagen, lustwandelt und für eine kleine Auszeit auf der Ruhebank landet. Dabei war sie ursprünglich in keinem Bauplan des Gartens vorgesehen, vielmehr schmückte zunächst ein hölzerner Monopteros ihren Platz. Den hat der bedeutende Architekt Leo von Klenze später schräg gegenüber auf einem aufgeschütteten Hügel neu und pompöser errichten lassen. In die dadurch entstandene „Baulücke" pflanzte Klenze sodann Ende der 1830er-Jahre die bis heute frei zugängliche Bank. Die 1792 offiziell für die nicht adelige Bevölkerung geschaffene Parkanlage sollte, wie es damals in Mode war, die Anmutung eines begehbaren Gemäldes haben. Und genau so wirkt die Szenerie noch heute. Wer der Einladung der Bank zum erholsamen Verweilen folgt, sieht sich plötzlich als Teil einer überaus malerischen Kulisse: Von einer natürlichen Landschaft idyllisch eingerahmt, von einer formschönen Sitzgelegenheit umarmt, von den geschwungenen Gestaden der ruhig fließenden Bäche umgarnt. Ach, könnte man sich jetzt doch nur in diesem farbenfrohen Landschaftsgemälde einmal selbst betrachten, man wäre mit Sicherheit ganz hingerissen. Es reicht aber auch aus, sich das pittoreske Bild einfach nur vorzustellen. Die Empfindung ist dieselbe: eine beglückende.

TIPP

Nebenan auf dem Hügel steht der Monopteros, von dort hat man einen tollen Ausblick auf die Stadtsilhouette.

● Klenzes Ruhebank im Englischen Garten beim Monopteros, 80538 München ● ÖPNV: Bus 54, 58, 154 und N43, Halltestelle Chinesischer Turm; Bus 100 (Museenlinie) und Tram 16, Haltestelle Nationalmuseum/Haus der Kunst

The bluest Pool

4 Blue Spa im Hotel Bayerischer Hof

Könnten diese Mauern reden, denkt, wer mit wachen Augen vorm Hotel Bayerischer Hof am Münchner Promenadeplatz steht. Die altehrwürdige Institution ist König Ludwig I. zu verdanken. Seiner Königlichen Hoheit fehlte zum Glücklichsein ein erstklassiges Hotel. Einem Industriellen war der royale Wunsch 1839 Befehl. Nur zwei Jahre später feierte der Bayerische Hof seine prunkvolle Eröffnung. Ende des 19. Jahrhunderts ging das Haus dann für 2,85 Millionen Goldmark, damals eine irre Summe, in den Besitz der Familie Volkhardt über, die es mittlerweile in vierter Generation führt – und seither fortlaufend weiterentwickelt und nach seiner Zerstörung im Zweiten Weltkrieg wieder aufgebaut hat. Rund fünfzig Jahre gehört es nun schon zur Allianz von „The Leading Hotels Of The World" – eine Liga für sich. Hier wird dem Gast jeder Wunsch buchstäblich von den Augen abgelesen, noch bevor er ihn überhaupt geäußert hat: Geht nicht gibt's nicht! Unzählige Stars und Sternchen, Schöne und Reiche aus aller Herren Länder haben in diesem Luxushort schon einmal Station gemacht. Doch auch Normalsterblichen steht das Haus offen, beispielsweise das traumhaft schöne Blue Spa, ein Wellness-Areal (1300 Quadratmeter auf vier Etagen) mit hohem Glückspotenzial und sagenhaftem Panoramablick über die Dächer Münchens. Falls sich Körper und Seele nach sanfter Erholung sehnen, hier finden sie das Gewünschte. Für Übernachtungsgäste ist das entspannte Vergnügen gratis. Für externe Wellnesser ist ein Tagesticket (ca. 50 Euro) fällig, Extras kommen on top und – Achtung! – unbedingt vorher reservieren. Ob es das wert ist? Keine Frage! Allein das Schwimmen im Blue-Spa-Pool (6,5 x 14,5 Meter) aus blaufarbenen Mosaiksteinen, bei Sonnenschein unter freiem Himmel, ist wie ein Bad in einem Gesundbrunnen. Danach relaxt man im Ruheraum oder auf der Sonnenterrasse, wie es heißt, eine der schönsten Dachterrassen der Stadt. Spätestens bei einem erfrischenden Cocktail ist das Glück dann vollkommen.

TIPP

Bei Kaffee und Kuchen im Atrium oder auf der Empore kann man sich beim Leute-Gucken fein vergnügen.

- Blue Spa im Hotel Bayerischer Hof, Promenadeplatz 2–6, 80333 München, Tel. (0 89) 2 12 00, www.bayerischerhof.de
- ÖPNV: Bus N40, N41, N45, Haltestelle Lenbachplatz; Tram 19, 21, N19, Haltestelle Marienplatz (Theatinerstraße)

Tänzelnde Leichtigkeit

5 Der Wasserpilze-Brunnen an der Frauenkirche

Der Frauenplatz an der Frauenkirche ist kein Platz im eigentlichen Sinne, obwohl er die Ausmaße eines solchen hat. Vielmehr handelt es sich um eine jahrhundertealte Umfriedung, die sich wie ein wärmender Schal um den Dom zu Unserer Lieben Frau drapiert. So lautet der offizielle Name des imposanten Backsteinbaus inmitten der Altstadt: höchstes Wahrzeichen Münchens, gleichzeitig Kathedralkirche des Erzbischofs von München und Freising. Schräg gegenüber dem Hauptportal und zu Füßen des in den Himmel ragenden Turmpaares mit den berühmten Hauben liegt der Wasserpilze-Brunnen, der so verspielt gestaltet ist wie er auf seine Besucher wirkt. Vor allem Kinder haben ihn in ihr Herz geschlossen, doch spricht das kunstvoll in den Boden eingelassene Wasserspiel auch Erwachsene an. Wer den im Sommer 2022 gründlich sanierten und erweiterten Brunnen kennt, kommt gerne wieder vorbei, wer zufällig auf ihn stößt, bleibt unweigerlich stehen. Er erinnert ein wenig an ein antikes Theater, dessen schwere, zur Mitte abfallende Stufen aus Natursteinen ein rondellartiges Wasserbassin umschließen. Hie und da schieben sich massive Blöcke wie kleine Landzungen ins Wasserbecken. Trotz seiner überaus schattigen Lage – der benachbarte Kirchenbau und die angrenzende Baumgruppe leisten dabei ganze Arbeit – sorgt der 1980 von Wasserglocken- in Wasserpilze-Brunnen Umbenannte für eine heitere Stimmung, sobald man ihn erblickt. Die Namensänderung geht auf die Form der bronzenen Wasserspiele zurück, die wie ausgebreitete Pilzhüte aussehen, allenfalls noch als abgeflachte Schirme durchgehen, fürs kritische Auge aber keinesfalls Glocken darstellen. Annähernd fünfzig davon verteilen sich im Becken, schlängeln sich in lockerer Formation übers flache Wasser. Von Schuhen und Socken befreite Kinderfüße nutzen sie wie eine Pontonbrücke und tänzeln freudestrahlend und jauchzend darüber hinweg. Ein munteres Treiben, das zum Verbleiben verführt – und die Hektik des Alltags für kurze Zeit vergessen lässt.

TIPP

Sehenswert: Die Frauenkirche mit dem Wittelsbacher-Denkmal, der Bischofsgruft und dem Teufelstritt.

- Wasserpilze-Brunnen Frauenkirche, Augustinerstraße, 80331 München
- ÖPNV: S 1–S 4 und S 6–S 8 sowie U 3 mit U 6, Haltestelle Marienplatz

Rauschende Wassermusik

6 Wasserfall am Schwabinger Bach beim Teehaus

Der Englische Garten in Münchens Nordosten zählt nicht nur rund fünf Millionen Besucher im Jahr, er ist auch nah am Wasser gebaut: Zum einen schmiegt er sich sanft ans Westufer der Isar. Außerdem ist er von drei Bächen durchzogen, der westlichste davon ist der Schwabinger Bach. Der beginnt spektakulär mit einer tosenden Kaskade, die besonders augenfällig unter der Von-der-Tann-Straße hervortritt und sich aus den vereinten Wassern des Köglmühlbachs und Stadtgrabenbachs speist. Kurz darauf legt er sich mit seinen Armen liebevoll um das von Büschen und Bäumen umstandene Japanische Teehaus Kanshoan, das dadurch seine anmutige Insellage erhält. Über einen schmalen steinernen Steg betritt man unweit des Großstadttreibens eine vollkommen andere Kulturwelt, in der man nach Buchung einer traditionellen japanischen Teezeremonie beiwohnen kann. Gerade noch hat der Schwabinger Bach das Fleckchen Japan in München passiert, trifft er – nicht weit von der bekannten Surferwelle – für ein kurzes Zwischenspiel mit dem Eisbach zusammen. Doch kaum haben sich die beiden Bäche gefunden, trennen sich ihre Läufe auch schon wieder. Über einen künstlich angelegten Wasserfall purzelt der Schwabinger Bach in ansehnlicher Breite gut einen halben Meter tosend, manchmal auch donnernd und weiß schäumend ins neue Bachbett hinab. Die aufgewühlten Wassermassen bahnen sich ihren Weg vorbei an vielen naturbelassenen, teilweise mächtigen Steinbrocken, die wie von samtgrünen Moosleinen umhüllt scheinen. Von der Brücke aus, die über den Schwabinger Bach führt, der unter ihr gen Norden durch die Schönfeldwiese mit dem allseits bekannten FKK-Areal entschwindet, kann man dieses Schauspiel am besten betrachten. Zu jeder Tages- und Nachtzeit – und übers ganze Jahr. Dabei stellt sich die malerische Kulisse dem Betrachter saisonal stets anders dar: mal als Frühlingserwachen, mal als Sommerfrische, dann in herbstbunten Farben und schließlich in eisesblauer Wintermontur. Nur eines bleibt unverändert: Hier kann man ganz und gar die Zeit vergessen.

TIPP

Nur einen Sprung entfernt: Das kleine urgemütliche Kiosk-Café Fräulein Grüneis hat ganzjährig geöffnet.

- Wasserfall am Schwabinger Bach, im Englischen Garten, Nähe Prinzregentenstraße 1, 80538 München
- ÖPNV: Bus 100, Haltestelle Nationalmuseum/Haus der Kunst

Kostbarkeit im Norden

7 Schwabinger See in Schwabing-Freimann

Wenn man ein Vöglein wär und entspannt über Schwabings Norden hinwegfliegen könnte, würde man einen dreieckigen urbanen Raum unter sich erkennen. Von den annähernd gleichschenkeligen Leopold- und Ungererstraßen flankiert, vom Mittleren Ring formvollendend geschlossen. Mittendrin ruht – still, aber nicht starr – der L-förmige Schwabinger See. Auf dessen blau schimmernder glatter Wasseroberfläche spiegeln sich Himmel, Wolken, Sonne und überfliegende Vögel. Rechts daneben liegt das Ungererbad, auf der anderen Seite steht das moderne Stadtquartier Schwabinger Tor mit wohlklingendem Namen und verdichtetem Wohnen gartenstädtisch Spalier. Die unmittelbaren Anwohner des kleinen Sees schätzen ihr Kleinod über alles – und das aus gleich mehreren Gründen: Obwohl es Teil der wachsenden Großstadt mit ihren eindrucksvollen Häuserschluchten und rasend-pulsierenden Verkehrsadern ist, präsentiert es sich als überaus resiliente Oase wie die Ruhe im Sturm. Ja, wie ein naturnahes Bollwerk, das jeglichen Zivilisationslärm aus seiner Erholung spendenden Einflusszone verbannt. Auch ist dieses autofreie Areal von unzähligen Bäumen mit buschigen Laubkronen belebt, von Rad- und Fußwegen umgeben und mit zum Verweilen einladenden Bänken detailreich gestaltet. Zudem befinden sich im lieblich-anmutenden Kleinsee-Idyll zwei putzige Inseln, die Wasservögel wie Gänse, Schwäne und Blässhühner nur zu gern als Rückzugsort nutzen. Und als Sahnehäubchen auf diesem Glücksorte-schmankerl durchfließt auch noch der schmale Nymphenburg-Biederstein-Kanal den Schwabinger See – ein Wasserband, das den Nymphenburger Schlossgartenkanal via Olympiasee zur einen und den Schwabinger Bach zur anderen Seite miteinander verbindet. Schwimmen im und auf dem See ist zwar nur Vögeln gestattet, gleichwohl genießen die bisher eingeweihten Flaneure und Sonnenanbeter ihr innerstädtisches Paradies, das sie wie ein Familiengeheimnis hüten. Denn, und das freut sie am meisten, den wenigsten Münchnern ist es bislang bekannt.

TIPP

Badefreunde nutzen den Schwabinger See als Appetizer, um danach im Ungererbad nebenan einzutauchen.

● Schwabinger See, 80805 München, unweit der Traubestraße
● ÖPNV: Via Ungererstraße: U 6, Haltestelle Dietlindenstraße oder Nordfriedhof; via Leopoldstraße: Tram 23, Haltestelle Schwabinger Tor; Bus 140, 141 und N40, Haltestelle Parzivalplatz

Geborgen in der Nische

8

Kabinettsgarten in der Residenz

Blau ist mit Abstand die beliebteste Farbe weltweit, weiß die Farbpsychologie. Danach steht sie für Wahrheit und Beständigkeit, zudem schreibt man ihr eine beruhigende und kühlende Wirkung zu. Trifft das zu, und daran gibt es keinen Zweifel, ist der kleine, feine Kabinettsgarten in der Residenz Münchens ein blauer Glücksort wie aus dem Bilderbuch. Er ist auf der Ostseite in einer schmalen Nische zwischen Allerheiligen-Hofkirche zur Linken und Cuvilliés-Theater zur Rechten gelegen. Man betritt ihn vom Marstallplatz aus durch einen Türspalt in der Mauer und fühlt sich sogleich geborgen, mehr noch: wohltuend umarmt. Empfangen wird der Besucher von einem mit der mannshohen Skulptur „Flora III" des Bildhauers Fritz Koenig verzierten Platz. Von ihm aus zweigen nach beiden Seiten Umlaufwege ab, welche die idyllische Gartenanlage rahmen und zu einem zweiten Platz am gegenüberliegenden Ende führen. In dessen Mitte befindet sich ein niedriger Rundbrunnen, in dem aus fünf Wasserdüsen flache Strahlen leise hervorsprudeln. Sein Bassin ist von vier gestutzten Platanen umstanden, die an laubtragenden Tagen ein geschlossenes Schatten spendendes Blätterdach bilden – und an das Leben auf einer italienischen Dorfpiazza erinnern, auch wenn die typische Espressobar fehlt. Beide Plätze des Kabinettsgartens sind über einen Mittelweg miteinander verbunden, seitlich von flachen Wasserbecken flankiert, in denen grüne und rote Streifen ein Muster bilden, das navigiert und den Passanten unaufdringlich bis zum Brunnen begleitet. Über den Innenhof verteilt stehen Sitzgelegenheiten aus hellem Kalkstein, auf denen man verweilen und den lieblich gestalteten Raum in aller Ruhe auf sich wirken lassen kann. Das innerstädtische Gewusel hat hier nicht die geringste Chance, es muss draußen bleiben. Und wenn sich zu vorgerückter Stunde die Dunkelheit über dieses Fleckchen Erde senkt, präsentiert es sich in dezenter Beleuchtung, was die ohnehin anheimelnde Stimmung mit ihrem warmen Licht noch verstärkt.

TIPP

Bei Veranstaltungen in Hofkirche und Theater kann man den Kabinettsgarten über Freitreppen betreten.

- Kabinettsgarten, Alfons-Goppel-Straße, 80539 München
- ÖPNV: U 3, U 4, U 5 und U 6, Haltestelle Odeonsplatz; Tram 19, 21 und N19, Haltestelle Nationaltheater

KEIN
Trinkwasser

Am Wassergraben

9 Schloss Blutenburg in Obermenzing

Dass früher alles besser war, ist eine häufig aufgestellte Behauptung, allein sie ist nicht wahr. Bereits ein flüchtiger Faktencheck macht das klar. Dass früher manches anders war, ist hingegen nicht von der Hand zu weisen. So gab es beispielsweise einmal eine Sichtachse, die die Schlösser Nymphenburg und Blutenburg miteinander verbunden hat. Inzwischen ist sie lange verbaut und zugewachsen. Übrig geblieben ist nur ein spärlicher Rest, ein knapp zwei Kilometer langer Grünstreifen, der bis heute „Am Durchblick" heißt und aus östlicher Richtung auf das Schloss Blutenburg zuläuft. Wer sich ihm darüber nähert, wird mit einem fast märchenhaft anmutenden Anblick belohnt, der sich mit jedem Schritt schärfer konturiert. Wie auf einer Insel liegt das Schloss da. Rückwärtig von der Würm in einem bauchigen Bogen umflossen, im unmittelbaren Vorfeld von zwei Weihern flankiert, wobei der größere von beiden wie ein schlauchartiger Burggraben wirkt. Er schmiegt sich an die große Seeterrasse der Schlossschänke Blutenburg, auf der sich sommers Sonnenschirme wie weiße Farbtupfer ein Stelldichein geben. Ein romantisches Idyll, in das man gern eintaucht, um das Leben zu genießen, auch kulinarisch – bis die Seele vor Freude zu hüpfen beginnt. Das ganze Schloss ist ein Augenschmaus: Hinter der weiß getünchten Schlossmauer mit den vier Türmen ragt das üppige Herrenhaus hervor. Rechts schließt der Neue Saalbau an die Schänke an, in dem sich früher die Stallungen befanden. Dahinter reckt sich der Zwiebelturm der 1488 errichteten Schlosskapelle in den Himmel, ein Gesamtkunstwerk der Spätgotik – und dafür weltberühmt. Daneben schaut gerade noch ein Zeltdach mit Wetterfahne hervor, es gehört zum Torturm, auch Uhrenturm genannt. Unterm Tonnengewölbe hindurch betritt man den Innenhof der Blutenburg. Neben der Burg Grünwald ist Schloss Blutenburg erstmals 1432 erwähnt. Es ist die einzige mittelalterliche Burganlage in der näheren Umgebung Münchens, die erhalten ist. Also ein Schatz mit Seltenheitswert.

TIPP

Das Schloss ist auch bekannt für das Michael-Ende-Museum, Konzerte, Feste und den Christkindlmarkt.

- Schloss Blutenburg, Seldweg 15, 81247 München, www.blutenburg.de
- ÖPNV: S 2, Haltestelle Obermenzing, dann weiter mit Bus 143 oder Bus 160, Haltestelle Blutenburg

Überm Wasser schweben

10

Stichsteg an der Marienklausenbrücke

Während der Schneeschmelze im Frühjahr und nach sehr regenreichen Tagen zeigt sich die Isar nicht selten von ihrer ungezähmten, ja wilden Seite. Dann wölbt sich der Wasserspiegel über die ganze Breite des renaturierten Flussbettes mächtig auf, was mit etwas Fantasie an die aufgeblähten Wangen des Jazztrompeters Dizzy Gillespie beim Bebop-Spiel erinnert. Mit beträchtlichem Tempo walzt der Fluss dann nordwärts. Ein besonders eindrückliches Bild von diesem sporadisch stattfindenden Naturspektakel gewinnt man von dem langen, schmalen Stichsteg aus, der im rechten Winkel von der Marienklausenbrücke abzweigt. Bis zur kleinen Aussichtsplattform am Stegende hangelt sich der schmale Stichstegweg zunächst oberhalb einer dickwandigen Mauer entlang, die die frühere Floßrutsche zur Rechten von der kantigen Staustufe zur Linken wie zwei streitende Kinder trennt. Normalmutige wagen sich langsam und schrittweise bis dorthin vor, Waghalsige bewegen sich dagegen nassforsch und deutlich schneller über den Parcours. Was diesen circa 30 Meter langen Stichsteg aber zu einem außerordentlichen und durchaus beglückenden Erlebnisort macht, ist vor allem dem durchsichtigen Gitterrost zu verdanken, aus dem die gesamte Lauffläche besteht. Sobald man sich darauf begibt und vorwärtsschreitet, ist es fast so, als würde man übers Wasser gehen können, das einen unter den Füßen donnernd und tosend begleitet. Und wenn der Stichsteg dann unterm eigenen Körpergewicht noch leicht zu schwingen beginnt, meint man, fast schwerelos zu schweben. Doch nicht nur in regen- und schmelzwasserreichen Zeiten schenkt einem das Beschreiten des Stegs ein einmaliges Boogie-Woogie-Feeling, das den ganzen Körper rhythmisch erfasst. Auch bei durchschnittlichen Wasserständen an sonnigen Tagen bietet der gitterrostige Ort jedem Besucher ein durchaus berauschendes Erlebnis. Vom weiß-blauen Himmel behütet, von der blau-grünen Isar getragen: Auf dem Stichsteg an der Marienklausenbrücke ist im wahrsten Sinne alles im Fluss.

TIPP

Einen Steinwurf vom Stichsteg weg liegt die denkmalgeschützte Holzkapelle Marienklause samt Kreuzgang.

- Stichsteg am Marienklausensteg, Schlichtweg 15, 81543 München
- ÖPNV: Bus 135, Haltestelle Floßlände

Konsumfreier Genuss

11 Brunnenskulptur am Bauhausplatz

Auch in München beginnt alle Jahre wieder nach der Winterpause der übliche Frühjahrsputz. Dann schwärmen auf Geheiß des Baureferats Mitarbeiter wie emsige Bienen aus und bringen die Stadt wieder auf Vordermann. Von den Rad- und Fußwegen sowie Plätzen wird tonnenweise Splitt entfernt, Brunnen werden vom Holzschutz befreit, Beete und Pflanzkübel mit Blumenzwiebeln bestückt. Nach und nach stellt sich dann überall ein buntes Frühlingserwachen ein, manchmal gibt es auch eine Frühlingsüberraschung. So geschehen inmitten des noch jungen Quartiers in Schwabing-Freimann, konkret: auf dem Bauhausplatz. Den schmückt seit Ende 2021 eine Brunnenskulptur des in München lebenden Künstlers Olaf Metzel. Seine Werke provozieren gern und stimmen nachdenklich. Nicht anders das neue wassersprudelnde Objekt, das den Namen „Umsonst und Draußen" trägt – und neugierig macht. Man blickt auf einen etwa sieben Meter hohen Turm aus übereinandergestapelten Sitzbänken. Einige Latten entlang stieben Wasserstrahlen hervor, andere entpuppen sich bei zunehmender Dämmerung als strahlende Leuchtkörper. Klassische Sitzbänke – gut 50 an der Zahl, und ebenfalls beleuchtet – gruppieren sich um die herabrieselnden Gardinen, die von knapp dreißig frisch gepflanzten Pappeln gesäumt sind. Die ganze Inszenierung serviert dem Betrachter ein ebenso beschauliches wie berauschendes Schauspiel. Bei Tag und Nacht, mit Licht und Schatten. Gerahmt ist das Ensemble im öffentlichen Raum von fünfgeschossigen Stadthäusern, teilweise mit dem Platz zugewandten Arkaden, die verschiedene Ladenlokale beherbergen. Das alles ist nicht nur schön anzusehen und rundum zu genießen, der Aufenthalt samt selbstbestimmter Entspannungsqualität ist darüber hinaus auch noch vollkommen umsonst. Außerdem präsentiert sich der harmonisch gestaltete Bauhausplatz wie ein einladendes Foyer, durch das man nach genossener Brunnenskulpturschau in die östlich sich anschließende Grünanlage Domagkpark lustwandelnd abtauchen kann – ebenfalls eintrittsfrei.

TIPP

Die Kulturbühne Spagat (Bauhausplatz 3) glänzt immer wieder mit tollem Programm, www.kulturbuehne-spagat.de

- Brunnenskulptur „Umsonst und Draußen", Bauhausplatz, 80807 München
- ÖPNV: Bus 177, X35, X36 und Tram 23, Haltestelle Schwabing-Nord

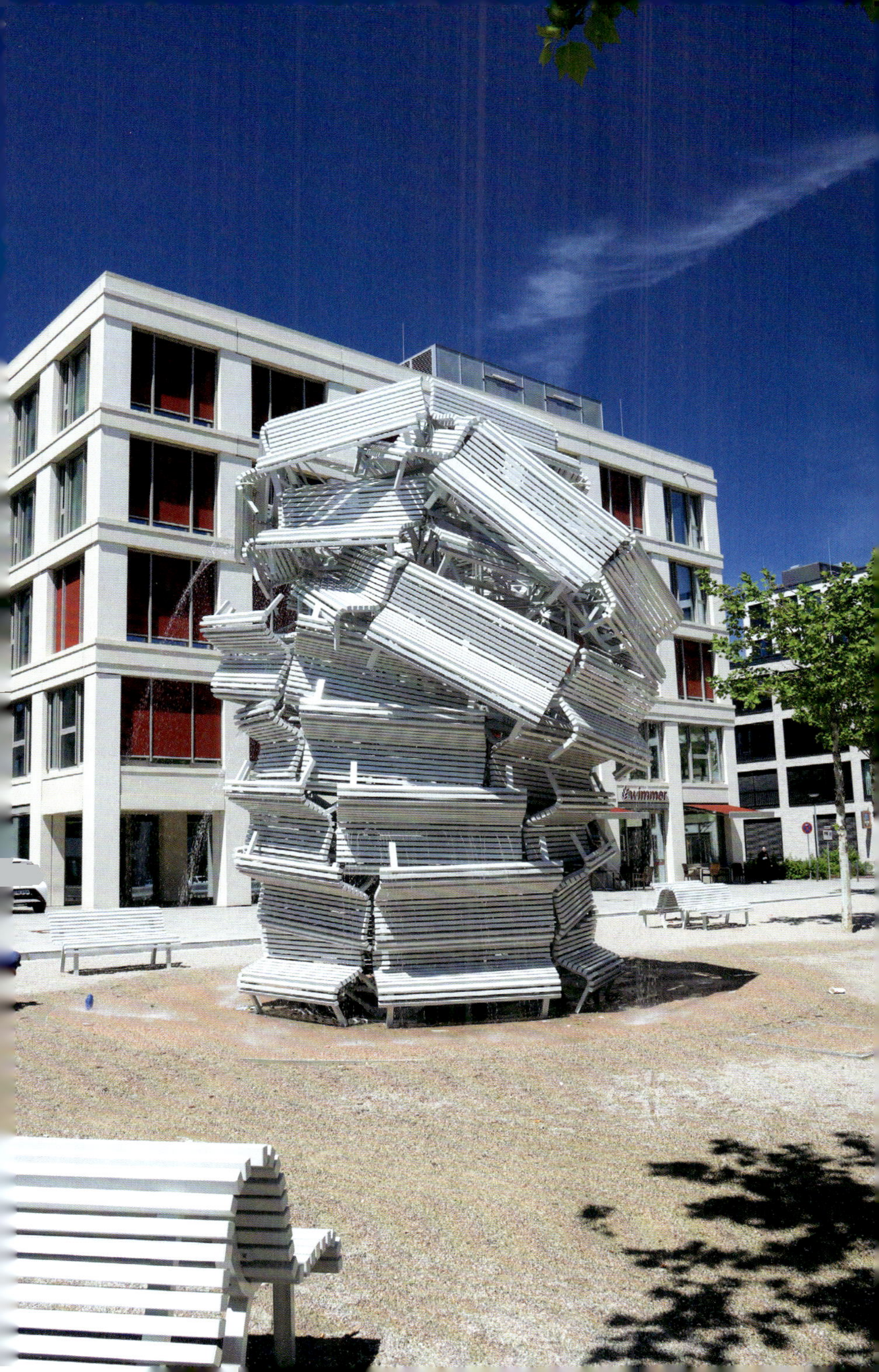
wimmer

Knackiges Quellwasser

12

Feldmochinger See im Nordwesten Münchens

Wer einfach so ins Blaue hinein fährt, kann den Feldmochinger See leicht verfehlen. Der drittgrößte See Münchens – in den 1930er-Jahren durch Kiesentnahme für einen Rangierbahnhof entstanden – liegt nordwestlich des Olympiaparks, wo Stadt auf Land trifft. Von Feldern großflächig umschlossen, von Bächen durchzogen. Zusammen mit Lerchenauer See und Fasaneriesee bildet er die Dreiseenplatte, wobei er der größte im Bunde ist. Seine Wasserfläche misst knapp 22 Fußballplätze bei einer maximalen Tiefe von rund sechs Metern. In der Badesaison ist der Feldmochinger See der ideale Swimmingpool. Drei Quellen, die sich im nicht zugänglichen Naturbiotop am südlichen Ufer befinden, speisen ihn mit frischem Wasser. Das hat gerade an sehr heißen Tagen auf Badefrösche und -nixen eine besonders anziehende Wirkung: Quellwasser ist besonders kalt. Auch Menschen mit Handicap können sich hier am erfrischenden Nass erfreuen. Am Nordufer gibt's nämlich einen barrierefreien Badeplatz mit Rollstuhlrampe. Außerdem muss rund um den Feldmochinger See niemand ungeschützt in der Sonne brutzeln. Hunderte Laubbäume sorgen für üppigen Schatten. Dabei verteilen sie sich so geschickt über die ausladenden Liegewiesen, dass die allseits beliebten Handtuchreservierungen sogar zu den erwartbaren Stoßzeiten vollkommen überflüssig sind. Mehrere ausgewiesene Grillzonen finden sich entlang des Westufers, deren Nutzung auf Infotafeln klar geregelt ist. Sogar FKK-Freunde kommen hier auf ihre körperkultigen Kosten. Unweit des Biotops können sie ihrer Passion freien Lauf lassen. Von der aufgebockten Aussichtsplattform an der Südspitze hat man einen wunderschönen Blick über den See und das kleine, aber feine Biotop, das sich ans Ufer schmiegt. Mit etwas Glück sieht man nicht nur Wasservögel lustvoll schnäbeln, sondern auch Libellen munter tanzen. Und wer sich nicht zur Grillfraktion zählt, kann sich bei Andys Seehäusl an Speis und Trank laben. So präsentiert sich der Feldmochinger See als ein wahrer Allrounder.

TIPP

Am Nordufer lockt das griechische Restaurant Seehaus Feldmoching mit guter Küche und Sonnenterrasse.

- Feldmochinger See, Ferchenbachstraße 205, 80995 München
- ÖPNV: S 1, Haltestelle Bahnhof Feldmoching, ab dort Bus 172, Haltestelle Feldmochinger See

Gute Laune schlecken

13 Die Isarnixe in der Fraunhoferstraße

Der erste Eindruck ist ein bleibender. Dafür sorgt eine regelrechte Farbexplosion. Knallbunt und schrill springt einem das fantastische Wandgemälde mit seinen detailverliebten Motiven entgegen. Ein lebensfroh bepinselter Bauchfisch schwebt ungezwungen neben einer überdimensionierten rosa Katze mit breitem Grinsen, dass man einfach schmunzeln muss. Und auf der rechten Seite lässt sich eine hübsche Badenixe nebst blumigen Seesternen im Wasser treiben, ihr blondes Haar scheint in der Strömung dahinzufliegen. Daneben blubbern im dunkelblauen Nass hellblaue Blasen. Man wird schier erschlagen angesichts des explodierenden Farbenmeeres in der Fraunhoferstraße 42, unweit der Reichenbachbrücke. Dort betreibt „Der Verrückte Eismacher", kurz: DVEM alias Matthias Münz, neben „Im Wunderland" (hinter der LMU München) und „Der Froschkönig" (auf dem Viktualienmarkt) eine weitere Eisdiele mit dem treffenden Namen „Die Isarnixe". Treffend deshalb, weil nur wenige Meter neben der Isar gelegen. Und in der tummelt sich an heißen Tagen halb München. Dann treiben die Sonnenanbeter am Isarstrand bei der Brücke die Handtuchdichte und Körpertemperatur erst auf die Spitze, um sich anschließend im vorbeiströmenden Nass erfrischende Abkühlung zu verschaffen. „Die Isarnixe" bietet eine coole Alternative: Eis vom Verrückten Eismacher mit dem Zylinder als Markenzeichen. Seine Spezialität: schräge Sachen. Und die schmecken nicht nur toll, sie machen auch Freude. Im breiten Sortiment – künstliche Aromen und Farbstoffe haben darin nichts verloren – findet man so außergewöhnliche Sorten wie „Franziskaner Weissbier", „Macaron-Eis mit Champagner" und „Salami". Hunderte Varianten hat er schon erfunden, darunter „Brathendl" und „Leberkäs". Natürlich sind auch klassische „Erdbeere" und „Schoko" zu haben. Alles scheint in der Isarnixe möglich, nur eintönig darf es nicht sein. Und mit dem Probierlöffel gibt's noch ein kostenloses Häppchen dazu. Man schleckt sich glücklich, und kehrt gut gelaunt wieder ans Wasser zurück.

TIPP

Jenseits der Reichenbachbrücke verführen die Frühlingsanlagen neben der Isar zum kleinen Spaziergang.

- Der Verrückte Eismacher & die Badenixe, Fraunhoferstraße 42, 80469 München www.dvem.de
- ÖPNV: Straßenbahn 16, 18 und N27, Haltestelle Fraunhoferstraße; Bus 132, Haltestelle Fraunhoferstraße

Bier
Gin
Tonic
Praline
Bayrisch Creme
Orange Pfirsich
Kinder

Römisches Vorbild

14 Springbrunnen am Geschwister-Scholl-Platz

Heinrich Heine war nie um eine gute Portion beißenden Spotts verlegen, auch die Isarmetropole hatte eine Dosis davon zu schlucken. Eine Kostprobe gefällig? Mit Recht lästerte der Dichter vor rund 200 Jahren, dass München ein Dorf sei, in dem Paläste stehen. Seinerzeit, unter Ludwig I., war der Umbau Münchens von der Residenzstadt zur königlichen Vorzeigehauptstadt ja noch in vollem Gange. München sollte, das war das erklärte Ziel, alle Städte im Lande an Schönheit überragen. Deshalb durfte natürlich auch das Anlegen eines Prachtboulevards nicht fehlen: So entstand die spätere Ludwigstraße. Vom Odeonsplatz bis zum Siegestor reicht das 1250 Meter lange Gesamtkunstwerk, gesäumt von ebenso monumentalen wie schmucken Gebäuden. Das eindrucksvolle Ensemble lässt einen auch heute noch staunen, man steht mit offenem Mund davor und reibt sich ungläubig die Augen. Im Zuge der damaligen Bauarbeiten ist auch die Ludwig-Maximilians-Universität (LMU) mit ihrem einladenden Vorplatz entstanden. Besonders augenfällig ist der Springbrunnen des Architekten Friedrich von Gärtner, der neben Leo von Klenze zu den Top-Baumeistern im Königreich Bayern unter Ludwig I. zählt. Auf der anderen Seite der Ludwigstraße, auf dem Professor-Huber-Platz, findet man einen zweiten, baugleichen Brunnen. Beide wurden nach dem Vorbild von zwei Brunnen auf dem Petersplatz in Rom gestaltet, weshalb sie auch Römische Brunnen genannt werden. Gemeinsam sind ihnen das Becken aus massivem Granitgestein und die Schalen aus bronziertem Eisenguss. Dort geben sich bei angenehmen Temperaturen die Studierenden gern ein ungezwungenes Stelldichein, bevor sie wieder zu Vorlesungen und Seminaren im Hauptgebäude der Universität verschwinden. Der Platz ist in Gedenken an die von den Nationalsozialisten zum Tode verurteilten Geschwister Scholl benannt. Vor dem Uni-Eingang erinnert das Mahnmal für die Widerstandsgruppe „Weiße Rose“ mit in den pflastersteinigen Boden eingelassene Nachbildungen der Flugblätter an ihre mutigen Aktionen.

TIPP

In der Eingangshalle der Universität findet man eine „DenkStätte“ mit Ausstellung zur Weißen Rose.

- Springbrunnen, Geschwister-Scholl-Platz, 80539 München
- ÖPNV: Bus 58, N40, N41, N45, Haltestelle Universität; U 3 und U 6, Haltestelle Universität

Sinnliche Erfahrung

15 Sea Life München im Olympiapark

Wer von München spricht, darf von der Isar nicht schweigen. Der 292 Kilometer lange Strom entspringt tief im Karwendel, wälzt sich durchs Alpenvorland gen Norden, durchschneidet München in zwei Hälften und verschwindet nahe Deggendorf in die Donau. Ohne die Isar hätte es München womöglich gar nicht gegeben, genauso wenig wie das Münchner Lebensgefühl, für das die Isarmetropole landauf, landab steht. Doch nicht nur am und im Wasser herrschen beim Baden, Sonnen, Grillen, Flanieren und Chillen paradiesische Zustände, auch unter Wasser geht's emsig und beglückend zu. Vom klitzekleinen Stichling bis zum anderthalb Meter langen Huchen – in der Isar treiben sich sage und schreibe 34 verschiedene Fischarten herum. Mit etwas Glück kann man das ein oder andere Schuppentier vom Ufer aus beobachten. Wer die schwimmende Pracht auf einen Blick erhaschen will, muss dafür nicht mit Brille und Schnorchel in den Stadtfluss tauchen, ein Besuch von Sea Life München im Olympiapark tut es auch. Ein eigener Bereich ist dort den Isarfischen gewidmet. Um dieses berauschende Vergnügen zu genießen, muss man zwar eine Eintrittsgebühr berappen – Tickets unbedingt online buchen, vor Ort gibt's keine Ticketgarantie! –, doch die ist jeden Cent wert. Kaum hat man den Eingang passiert, beginnt die abenteuerliche Reise in bläulich schimmernde Lebensräume: Insgesamt sind rund 10.000 Fluss- und Meeresbewohner über mehr als 30 Becken verteilt. Ein Highlight ist fraglos der zehn Meter lange Unterwassertunnel, in dem man mit der Unterwasserwelt zu verschmelzen scheint. Augen zu, Arme ausbreiten und mit den Fischen synchron schwimmen. Ein besonders sinnliches Erlebnis bescheren die Quallen. Dort wählt eine Konsole wechselnde Lichtfarben aus, und schon schweben sie wie leuchtende Fallschirme durchs Bassin – rot, gelb, grün und blau. Und im Berührungsbecken kann man mit einigen Wasserwesen sogar absolut gefahrlos auf teils glitschige Tuchfühlung gehen. Was am Ende bleibt? Unvergesslich schöne Bilder und Momente.

- Sea Life München, Willi-Daume-Platz 1, 80809 München
www.visitsealife.com/muenchen
- ÖPNV: U 3, Haltestelle Olympiazentrum (ca. 10 Gehminuten)

Tropischer Blaublüter

16

Victoriahaus im Botanischen Garten Nymphenburg

Schon einmal davon gehört? Einer altdeutschen Sage zufolge soll es eine blaue Wunderblume geben. Wer sich nach ihr auf die Suche begibt, muss dies in der Nacht tun, denn nur dann lässt sie sich auch entdecken. Der glückliche Finder, weiß die Sage weiter zu berichten, wird dafür reich belohnt. Auch die Romantiker verzehrten sich buchstäblich nach einer blauen Blume. Der ersehnte Blaublüter symbolisierte für sie die Sehnsucht nach dem Unerreichbaren und Unendlichen. Ganz so aussichtslos, wie es klingt, ist das Unterfangen jedoch in München nicht – dank seines Botanischen Gartens in Nymphenburg. Fündig wird man dort im Victoriahaus. Zumindest in den Sommermonaten treten hier lichtblaue Blüten zwischen anderen tropischen Seerosen hervor: die Nymphaea gigantea, zu Deutsch: Riesen-Seerose. Sie ist, wie es heißt, die Schönste aller Seerosen. Nach dem Eingang taucht der Besucher links in die Welt der Botanik ein. Das Kakteenhaus geht ins Palmenhaus über, von dem aus man rechter Hand durch eine zweiflügelige Pendeltür das Victoriahaus betritt. Nur ein kleiner Schritt genügt, und schon steht man inmitten einer üppigen tropischen Vegetation. Der Raum ist erfüllt von Licht und Wasser, das gläserne Dach von den Farben des wolkenfreien Himmels. Sofort berührt die feuchte Luft die unbedeckten Hautstellen wie ein hauchdünnes Tuch. Schling- und Klettergewächse, die um die Wette grünen, und Kannenpflanzen mit herabhängenden Fallgruben lassen den magischen Ortswechsel täuschend echt wirken. Über die Balustrade hinweg fällt der Blick auf ein langes Wasserbassin, in dem viele kreisrunde Blätter mit einem Durchmesser von 70, 80, gar 90 Zentimeter mit aufgestellten Rändern scheinbar schwerelos schwimmen. Der blaue Blätterkranz der Blüten, von einem dünnen Stiel wie ein Lift in die Höhe transportiert, hält Abstand zur spiegelnden Wasseroberfläche. Bis Ende September kann man sich nach Herzenslust an dieser Augenweide erfreuen, danach macht das Victoriahaus kurzerhand Winterpause.

TIPP

Die tropischen Eindrücke im Café neben dem Rosengarten bei Kaffee und Kuchen Revue passieren lassen.

- Victoriahaus im Botanischen Garten Nymphenburg, www.botmuc.de
- ÖPNV: Tram 17, Bus 145 und 180, Haltestelle Botanischer Garten

Keimzelle der Stadt

17

Rindermarktbrunnen auf dem Rindermarkt

Ein München ohne Isar ist unvorstellbar, ein München ohne Rindermarkt auch. Wo inmitten der heutigen Altstadt einst das Vieh zu Markte getrieben, getränkt und feilgeboten wurde, zog einer der ältesten Straßenzüge Münchens seine Bahn, der am Marienplatz seinen Ausgang nahm. Eng ging es hier damals zu, sehr eng sogar, auch olfaktorisch herrschte eine besondere tierische Note, an moderne Hygienestandards war noch nicht zu denken. Wahrscheinlich schwang sich damals schon der backsteinerne Löwenturm am Rindermarkt sieben Stockwerke in die Höhe, auffällig und schön von Zinnen gekrönt. Welchem Zweck er einmal diente, ist bis heute ungeklärt, dass es sich hier um eines der ältesten historischen Gebäude Münchens handelt, steht allerdings außer Frage. Vieles hat sich seither verändert, nur der aufwendig sanierte Löwenturm ist in seiner Form noch der alte. Und der in der Nachkriegszeit zum öffentlichen Platz ausgedehnte Rindermarkt erinnert mit einer opulenten Brunnenanlage an seine Ursprünge als Viehmarkt, der erst im 19. Jahrhundert sein Ende fand. Die massive Bronzegruppe aus drei eng beieinanderstehenden Rindern, ihre Köpfe den abfallenden Natursteinstufen zugewandt, über die sich Wasserkaskaden in ein unförmiges Becken ergießen, erinnert daran. Etwas abseits kauert im Baumschatten ein Viehhüter auf der Mauer, der die ihm anvertrauten Tiere keinen Augenblick aus den Augen lässt. Der Platz mitten in der Altstadt strahlt eine Ruhe aus, die zum ausgiebigen Verweilen verführt. An warmen Sommertagen lässt man seine Füße einfach im erfrischenden Brunnenwasser baumeln. Die den Rindermarkt säumenden Straßen sorgen zwar tagsüber für emsigen Stadt- und Lieferverkehr, der aber kann die Stimmung nicht schmälern. Vielleicht träumt man auch schon von der Adventszeit, in der sich der Rindermarkt in das romantische „Sternenplatzl" verwandelt, einer von Münchens ältesten Weihnachtsmärkten. Mit in den Bäumen glitzernden Sternen, einer leuchtenden Schlemmerpyramide und dem Duft von Glühwein und Mandeln.

TIPP

Das angrenzende Ruffinihaus mit seinen kunstvollen Fassaden zählt zu den Schmuckstücken Münchens.

- Rindermarktbrunnen, Rindermarkt, 80331 München
- ÖPNV: S 1–S 4, S 6, S 7, S 8 und U 3 sowie U 6, Haltestelle Marienplatz

Wohnträume am Bach

18

Klein-Venedig in Giesing

Vor gut hundert Jahren, als die Münchner Altstadt noch von Bächen und Kanälen durchzogen war, bezeichnete man das Viertel gern und auch treffend als „Klein-Venedig". Das änderte sich spätestens in den 1960er-Jahren, als gigantische Röhren begannen, sich fürs geplante U-Bahn-Netz durch den Untergrund zu schieben. Dem urbanen Mobilitätskonzept mussten die angestammten Wasseradern weichen – mal wurden sie kurzerhand überbaut, mal tief ins Erdreich verbannt. Heute lassen sie sich nur noch gelegentlich, dafür umso augenfälliger an der Oberfläche blicken. Plötzlich tauchen sie zwischen schmucklosen Wohnblocks oder historischen Gebäuden auf, um kurz darauf wieder ins Unterirdische abzutauchen. Ein kleines, aber feines Relikt aus jenen venezianisch anmutenden Tagen hat sich bis heute im Stadtteil Giesing erhalten: in der Mondstraße/Ecke Voßstraße. Am Fuße des Giesinger Bergs, auf dem der Turm der letzten vollständig erhaltenen neugotischen Kirche Münchens, Heilig Kreuz, die ansteigenden Sträucher und Bäume sichtbar überragt. Tatsächlich ist dieses idyllische Klein-Venedig nur wenige Quadratmeter groß und von einer kleinen Brücke aus zu bestaunen. Vor Ort umhüllt den Betrachter ein ganz zauberhaftes Flair, wie man es punktuell aus der italienischen Lagunenstadt kennt. Hier zeigt sich der Auer Mühlbach, dessen Wasserkraft einst so manche Mühlen und Schmieden für ihre Zwecke nutzten, von seiner romantischsten Seite. Unmittelbar an kleinen zweistöckigen Häusern mit ihren verträumten Terrassen und putzigen Hinterhöfen fließt der Stadtbach gelassen vorbei. Glücklich, wer in dieser malerischen Wohlfühloase seinen Lebens- und Wohnraum nicht weit vom tosenden Großstadtgewusel gefunden hat. Glücksempfinden beschleicht aber auch den neugierigen Besucher, wenn er die einmalige und überaus idyllisch anmutende Szene in aller Ruhe auf sich wirken lässt. Es kommt einem dann geradezu so vor, als würde man sich in einem Gemälde von Carl Spitzweg befinden. Inmitten einer heimeligen und heilen Welt.

TIPP

Märchenhaftes Hexenhaus: An der Kreuzung der Pilgersheimerstraße ist das Kulturcafé Gans Woanders.

- Klein-Venedig, neben Mondstraße 14, 81543 München
- ÖPNV: Bus 68 und U 1, U 2 sowie U 7, Haltestelle Kolumbusplatz

Ein molliges Vergnügen

19

Der Riemer See im Riemer Park

Wer an schweißtreibenden Sommertagen baden will, sich aber ausdrücklich nicht nach erfrischend-kühlem, sondern warmem Wasser sehnt, der ist am Riemer See genau richtig. Das auf dem ehemaligen Gelände der Bundesgartenschau 2005 künstlich angelegte Gewässer (Baden ist nur an gekennzeichneten Stellen erlaubt) ist immerhin fast 17 Fußballfelder groß. Vor allem aber liegt es ungeschützt in der prallen Sonne – also Sonnenschirm- und Sonnenmilch nicht vergessen! Viel wichtiger: Dank der relativ geringen Tiefe von maximal 18 Meter erwärmt sich der Riemer See schnell auf die gewünschte kuschelige Temperatur. Eingebettet ist er in einen weitläufigen Landschaftspark, den Besucher aus nah und fern gern als Erholungsoase nutzen. Zugleich dient er der angrenzenden Messestadt und ihren Bewohnern als Frischluftversorger. Am Ostufer des Sees, wo sich ein flacher Kiesstrand leicht abfallend ausbreitet, ist die Handtuchdichte der Badenixen und Wassersfrösche am höchsten. Nur zwei, drei Steinwürfe davon entfernt schwingt sich ein beliebter Aussichtspunkt stolze 22 Meter in die Höhe, im Winter mutiert er zum Tummelplatz für Rodelfreunde. Wer die vielen Treppenstufen leichten Fußes oder tief schnaubend überwunden hat, wird mit einem herrlichen 360-Grad-Blick belohnt. Bei klarer Sicht grüßt sogar vom südlichen Horizont aus das unendlich weit scheinende überaus eindrucksvolle Alpenpanorama freundlich herüber. Der Riemer See liegt vor uns wie ein blauer Klecks inmitten des symmetrisch gestalteten Grüns des Riemer Parks mit seinen schnurgeraden Böschungen und Wegen. Wo einst die Start- und Landebahn des ehemaligen Flughafens München-Riem war, wachsen heute 20.000 Bäume in den Himmel. Und auf rund 10.000 Quadratmetern blühen duftende Rosen und Stauden. Abwechslungsreich ist es auch, den See zu umrunden. Am Westufer quert man einen hölzernen Steg, vorbei an Schilfgürteln und Inseln. Und im klaren Wasser tummeln sich jene Fische, die wohl auch das warme Nass zu favorisieren scheinen.

TIPP

Etwas abseits vom Südufer des Sees liegt ein Ort der Besinnung, er ist den Weltreligionen gewidmet.

- Riemer See im Riemer Park, 81829 München,
- ÖPNV: U 2, Haltestelle Messestadt West und Messestadt Ost; Bus 139 und 190, Haltestelle Messestadt West

Dolce far niente

20 Garten der Städtischen Galerie im Lenbachhaus

Über München wird häufig gesagt, sie sei die nördlichste Stadt Italiens. Das hängt nicht nur mit der Gastronomie zusammen, wenngleich es über die Stadtbezirke verteilt Hunderte Ristorantes, Trattorias und Osterias gibt. Das hat auch nichts mit den vielen knatternden, dafür aber schön gerundeten Vespas zu tun, welche die Straßen Münchens bunt und flott bevölkern. Der Eindruck ist vielmehr einer jungen und pfiffigen Dame aus Turin zu verdanken: Henriette Adelaide. Die Gattin des Kurfürsten Ferdinand Maria von Bayern (1636–1679) half der italienischen Belebung der hiesigen Stadtkultur so richtig auf die Beine. Zuhauf holte sie Kreative aus ihrer Heimat an die Isar: Baumeister, Handwerker, Künstler, Komponisten, Musiker und Sänger. Bald darauf war die Rede von der Münchner „italianità“. Bella Italia vom Feinsten ist auch in der Städtischen Galerie im Lenbachhaus und Kunstbau mit dem vorgelagerten Gartenhof zu haben. Das wunderschöne Anwesen in unmittelbarer Nachbarschaft zum Königsplatz stand einst im Grünen, es diente dem Maler Franz von Lenbach (1836–1904) als Künstlerresidenz: ein Ensemble aus imposantem Ateliergebäude nebst Villa im toskanischen Stil. Und mit einem kunstvoll gestalteten Garten, der die Handschrift des angesehenen Gartenarchitekten, mehr noch: Gartenkünstlers Max Kolb trägt, übrigens Vater der berühmten Schriftstellerin Annette Kolb. Eine erfrischend grüne Oase vor leuchtend ockerfarbener Kulisse, geschmückt mit verschiedenen Vasen, Säulen, Plastiken und gleich mehreren Brunnen – einer schöner als der andere. Dominiert wird die malerische Szenerie jedoch vom vertieften Brunnenparterre mit Wasserbassin und dem darin ruhenden dreischaligen Brunnen, umfriedet von einer gestutzten Buchsbaumhecke und gesäumt von einladenden Sitzbänken. Lässt man diesen pittoresken Ort eine Zeitlang auf sich wirken, wird einem klar: Hier ist die süße Kunst des Müßiggangs („dolce far niente“) zu Hause. Wahrscheinlich ist München in diesem lieblichen Garten am italienischsten.

TIPP

Absolut sehenswert: Das Lenbachhaus besitzt die weltweit größte Sammlung zur Kunst des Blauen Reiter.

- Garten der Städtischen Galerie im Lenbachhaus und Kunstbau, Luisenstraße 33, 80333 München, Tel. (0 89) 23 39 69 33, www.lenbachhaus.de
- ÖPNV: Bus 58 und 100, Haltestelle Königsplatz; U 2 und U 8, Haltestelle Königsplatz

you can imagine the opposite

Unter Palmen und Säulen

21

Café Luitpold an der Brienner Straße

Die altehrwürdige Brienner Straße, die schnurgerade vom Odeonsplatz via Karolinenplatz zum Königsplatz führt, ist ein Schmuckstück Münchens. An ihr reihen sich gleich Perlen auf einer Schnur so viele imponierende Bauten, dass einem schon schwindelig werden kann. Eines der Glanzstücke ist das 1888 eröffnete Palastcafé Luitpold, seinerzeit eines der größten seiner Art in Europa – benannt nach dem Prinzregenten Luitpold Karl Joseph Wilhelm von Bayern (1821–1912). Die Vielfalt der Räume verwirrt beim ersten Besuch, gleichzeitig fasziniert die Unterschiedlichkeit der Baustile, die sich hier präsentieren. Über gleich drei Zugänge kann man das Café Luitpold, vom Guide Michelin mehrmals ausgezeichnet, betreten: Einer befindet sich in der Luitpoldpassage, die beiden anderen sind die Haupteingänge, sie liegen an der Brienner Straße. Längs der Fassade präsentiert sich der Außenbereich geschmückt mit stattlichen Palmen. Unter hellen Markisen und Sonnenschirmen sieht man vor allem Rot: Tische und Stühle, Sitzkissen und Decken. Die Terrasse ist von buschigen Pflanztöpfen, einer im Paravent-Stil geschnittenen Hecke und dem in Erz gegossenen Prinz Luitpold als Brunnensäule flankiert. Luitpolds Mutter, Königin Therese, war übrigens die Namensgeberin der „Wiesn". Zur Linken liegt die Confiserie, wo geschwungene Vitrinen mit wunderbaren Kreationen aufwarten: Torten, Gebäck und Pralinen, allesamt Augenverwöhner und Gaumenschmeichler. Achtung, Bedenkenträger, bitte einmal Gewicht und Waage vergessen, denn hier gilt nur eine Devise: Probieren geht über Studieren. Rechter Hand erreicht man den Palmengarten, in dem Säulen gemütliche Nischen bilden und für eine angenehme Atmosphäre sorgen. Unterm gläsernen Dach und unter Palmwedeln bereichert ein Brunnen mit Wasserpilzen die malerische Szene. Das Luitpold bietet zudem eine Bar und ein Restaurant, und im ersten Stock gibt's im Salon Pauli ein Kulturprogramm vom Feinsten. Kurzum, das Café Luitpold ist alles in allem ein echtes Glücksversprechen.

TIPP

Schräg gegenüber öffnet sich der schöne Wittelsbacherplatz mit Reiterdenkmal und prächtigem Palais.

- Café Luitpold, Brienner Straße 11, 80333 München, Tel. (0 89) 2 42 87 50
  www.cafe-luitpold.de
- ÖPNV: U 3, U 4, U 5 und U 6, Haltestelle Odeonsplatz; Bus 100, Haltestelle Odeonsplatz

Bitte zu Fisch!

22 Fisch-Witte am Viktualienmarkt

„If it swims, we have it!" Sinngemäß übersetzt heißt das nichts anderes als: „Wenn etwas schwimmt, dann ist es auch bei uns zu haben!" Selbstbewusst wirbt mit diesem Slogan das Traditionsunternehmen Fisch-Witte am Viktualienmarkt für sich. Überall in dem Laden mit Bistro ist er zu lesen, und in riesigen Lettern steht er auf den blauen Markisen geschrieben, die sich schützend über Schaufenster, Straßenverkauf und Eingang spannen. Seit 1985 verwöhnen Klaus und Hella Witte ihre Gäste – Münchner und Touristen – mit Feinkost aus Salz- und Süßwasser, den sieben Meeren und den eigenen Teichen vor den Toren Münchens. Längst ist Fisch-Witte eine der ersten Adressen, wenn es um Fische und Meeresfrüchte in bester Qualität geht. Fangfrischer kommt der Fisch wohl nirgendwo auf den Teller zwischen Messer und Gabel oder zwischen zwei Brötchenhälften. In den Auslagen reihen sich die leckeren Köstlichkeiten dicht aneinander, auf Eis gelegt und in Schalen gebettet: Scampi, Hummer, Tintenfische, Meeresfrüchte, Lachs, Zander, Karpfen und vieles mehr. Die Edelware wird aber nicht nur zum Verkauf angeboten, sondern auch in der offenen Küche des Bistros mit großer Könnerschaft zum Verzehr frisch zubereitet. Knackige Salate und die berühmte „Bouillabaisse Witteillaise", zu der eine hausgemachte Kräuter-Knoblauch-Mayonnaise (Rouille) mit Baguette gereicht wird, runden das jeweilige aktuelle Angebot ab. Die wenigen Plätze, rund 50 an der Zahl, sind heiß begehrt. Potenzielle Einkehrer sind daher gut beraten, frühzeitig einen Tisch zu reservieren. Wer zum ersten Mal bei Fisch-Witte am Viktualienmarkt vorbeischaut, mag sich vielleicht ein wenig wundern. Das Lokal lockt nicht gerade mit überbordendem Charme, doch bereits die ersten Bissen katapultieren den Fischliebhaber kulinarisch auf Wolke 7. Alles drumherum ist dann längst vergessen, nur Geschmack und Genuss allein bestimmen das weitere Geschehen. Dazu ein gutes Glas Weißwein oder auch zwei – kann es überhaupt mehr Wohlsein geben? Nein!

TIPP

Auf dem Viktualienmarkt sind acht Brunnen verteilt. Die meisten sind nach Sängern und Promis benannt.

● Fisch-Witte, Viktualienmarkt 9, 80331 München, Tel. (0 89) 22 26 40
https://fisch-witte.de

● ÖPNV: Bus 132, Haltestelle Schrannenhalle; Bus 52 und 62, Haltestelle Viktualienmarkt; Bus 132, Haltestelle Marienplatz; U 3 und U 6, Haltestelle Marienplatz

MBO-FISCHSEMMEL
Erste Hilfe

Alles fließt!

23 Guten-Morgen-Brunnen im Westpark

Allein wenn man seinen Namen hört, ohne ihn überhaupt zu kennen, klingt der nicht nur angenehm in den Ohren, er macht auch sofort gute Laune. Es ist ganz einfach, den Guten-Morgen-Brunnen zu erreichen. Im Sendlinger Westpark wartet er stoisch auf seine Besucher. Dafür passiert man kurzerhand das Wirtshaus am Rosengarten. Sodann geht man an wuchernden Beet- und Sonnenstauden vorbei, die Einheimische und Touristen während der Blühsaison mit ihren explodierenden Farben schon von Weitem grüßen. Schließlich lässt man den Blindengarten zur Rechten links liegen – und schon steht man vor ihm: Der Guten-Morgen-Brunnen ist eine Gruppe aus drei mächtigen Natursteinen. Purer Granit, der auf den Namen Labrador hört, steckt in ihnen. Er stammt nachweislich aus norwegischen Gefilden und ist nachtschwarz. Wie vom Himmel gefallen stehen sie da, treffender gesagt: wie von der Natur geschaffen. Ein gewaltiges Ensemble aus drei Solitären. Die Hände des japanischstämmigen Steinbildhauers Makoto Fujiwara (1938–2019) haben es speziell für den Westpark geschaffen. Dabei rückte er ihnen teils mit schwerem Gerät zu Leibe, an den schmalen Stirnseiten sind die Bearbeitungsspuren selbst von ungeübten Augen ganz leicht zu erkennen. Über ihre Außenflächen – einige sind spiegelglatt poliert, andere einfach grob belassen, man kann es sehen, man kann es fühlen – stürzen sich die Möchtegern-Wasserfälle bis zu zwei Meter in die Tiefe. Ihr Rauschen verstärkt den Zauber dieses Ortes im Westpark. Außerdem verleiht es den gewaltigen Granitblöcken eine ganz eigene Leichtigkeit des Seins, fast so, als würden sie losgelöst schweben. Darauf kann man aber lange warten. Sie sind, wo sie sind. Wer sich aber zwischen den massiven Brocken bewegt, fühlt sich ein stückweit selbst bewegt. Man spürt, wie bei Heraklit, dem griechischen Philosophen, alles ist im Fluss. Jeder einzelne Moment ist einzigartig. Und schon beginnt man, den Augenblick bewusst zu genießen. Der Guten-Morgen-Brunnen macht Freude auf jeden neuen Morgen!

TIPP
Der Westpark entführt den Besucher in vertraute, ungewohnte und kontemplative Landschaftsräume.

- Guten-Morgen-Brunnen im Westpark, 81373 München
- ÖPNV: Tram 18, Haltestelle Stegener Weg; U 6, Haltestelle Westpark

Venezianisches Rudern

24 Gondelfahrt im Nymphenburger Schlosspark

Kaum setzt man einen Fuß auf den hölzernen Boden, beginnt es sanft zu schaukeln. Ausgleichen ist dann das – leicht erfüllbare – Gebot der Sekunde. Ist auch das zweite Bein sicher im Boot, darf man es sich auf der schwarzledernen Sitzbank mit den goldfarbenen Kissen gemütlich machen. Nun schlägt der Moment der Forcola. So nennt man die halbmondförmige Gabel am Heck, die dem Ruder venezianischer Gondeln den nötigen Halt gibt und dem Steuermann beinahe jedes Manöver erlaubt. Sommers mit Ringelshirt und Strohhut bekleidet, der typischen Montur der Gondolieri – wie man sie aus der Lagunenstadt kennt –, stößt er dann sein schwimmendes Gefährt vom Ufer ab: der mehrfache Europa- und Weltmeister der Soling-Kielbootklasse und einst passionierte Regattasegler Maximilian Koch oder dessen Sohn, Junggondoliere Maximilian Maria. In der Saison von März bis Oktober erwarten die beiden freitags bis sonntags ihre Gäste. Allerdings nicht in norditalienischen Gefilden, sondern in Sichtweite von Schloss Nymphenburg, der Sommerresidenz der bayerischen Kurfürsten und Könige – einer der ganzjährigen Publikumsmagneten Münchens. Mithilfe einer besonderen Technik, die man „venezianisches Rudern“ nennt, halten sie die rund 700 Kilogramm schwere, anderthalb Meter breite und elf Meter lange Gondel auf Kurs. Langsam gleitet man nun eine entspannte halbe Stunde übers seichte Wasser des schnurgeraden Mittelkanals im weitläufigen barocken Schlosspark inmitten der vielleicht schönsten Gartenanlage der Stadt. Mitunter wird man während der Tour sogar von Schwänen und Blesshühnern begleitet. Im Schritttempo gondelt man, das prachtvolle Schloss zunächst im Rücken, auf die große Kaskade zu. Links und rechts flankieren stattliche Bäume und Blumenwiesenstreifen die blaue Wasserstraße wie ein grünes Spalier bis zur den Kanal überquerenden Fußgängerbrücke. Nach der gekonnten Wende geht's dann retour zum Schloss. Fürwahr, ein kurzes venezianisches Glück, aber ein wunderschönes. Und wiederholen lässt es sich auch.

TIPP

Unbedingt noch gemütlich durch den herrlichen Park schlendern, der mit vielen Preziosen überrascht.

- Gondeln im Schlosspark, Schloss Nymphenburg 1, 80638 München www.gondel-nymphenburg.de
- ÖPNV: Bus 51, 151 und N78 sowie Straßenbahn Linie 17 und N17, Haltestelle Schloss Nymphenburg

Unfassbares Glück

25

Haferlbrunnen am Üblacker-Häusl in Haidhausen

Wer durch Haidhausen flaniert und von der Wolfgangstraße in die Preysingstraße einbiegt, scheint in einer längst vergangenen Zeit angekommen zu sein, als wären die Uhren hier vor vielen Jahren stehen geblieben. Unser Blick wandert die leicht ansteigende Kopfsteinpflasterstraße hinauf – mal nach links, mal nach rechts. Was man sieht, erinnert eher an ein Dorf als an eine Millionenmetropole. Der Schein trügt nicht, denn einst befand sich hier tatsächlich ein Dorf. Das lag nicht nur vor den Toren der Stadt, es war auch älter als die Keimzelle Münchens. Im Laufe der Zeit mauserte es sich zur veritablen Vorstadt, die schließlich Mitte des 19. Jahrhunderts eingemeindet wurde. Rechts etwa steht das denkmalgeschützte Üblacker-Häusl, im 18. Jahrhundert als eine von vielen Herbergen errichtet, in denen Tagelöhner Unterkunft fanden, die für kurze Zeit nach München kamen. Inzwischen wird es als Herbergenmuseum und gleichzeitig als Galerie für zeitgenössische Kunst genutzt. Gleich gegenüber ist ein weiteres Highlight zu bewundern: der Kriechbaumhof, ebenfalls ein Herbergshaus aus dem 17. Jahrhundert, es hat die Anmutung eines Bauernhofs. Beide Häuser sind wunderschön anzusehen, ebenso der Haferlbrunnen vorm Üblacker-Häusl, wenngleich er deutlich jünger ist. Von der Künstlerin Alix Stadtbäumer entworfen, wurde er 1990 errichtet und fügt sich harmonisch in das malerische Ambiente ein. Von der Sitzbank im Schatten eines Kirschbaums, kann man den Brunnen in seiner schnörkellosen Gestaltung auf sich wirken lassen: Auf einer viereckigen Säule neigt sich ein metallenes Gefäß – Topf (= Haferl) oder Kanne –, aus dem ein dünner Wasserstrahl in eine Bodenschale rinnt. Womöglich hält der Brunnen die Erinnerung an jene Tagelöhner wach, die einst vor den Toren der Stadt für einen Obolus in der Herberge schliefen, vielleicht auch ein karges Mahl oder etwas zu trinken erhielten. Während die Gedanken sich in der Vergangenheit verlieren, stellt sich beim Besucher ein angenehmes nostalgisches Gefühl ein.

TIPP

Im Wirtshaus „Zum Kloster" mit den taubenblauen Fenstern und Türen setzt sich das Dorf-Feeling fort.

- Haferlbrunnen, Preysingstraße 58, 81667 München
- ÖPNV: Tram 16, 19, 21, 31 und N19, Haltestelle Wörthstraße

58

Romantik-Feeling

26 Isarbalkon an der Corneliusbrücke

Wer kennt die wohl berühmteste Szene aus James Camerons Film „Titanic" nicht? Kate Winslet und Leonardo DiCaprio stehen auf der Reeling am Bug des Schiffes: Sie hat die Arme ausgebreitet, er hält sie inniglich umfangen, ihre Haare vom Winde verweht, blicken sie glückselig über die Weiten des Nordatlantiks der aufgehenden Sonne entgegen – schluchz! Wer solch emotionalen Moment auch einmal erleben möchte, für den bietet der Besuch des terrassenförmigen Vorbaus der Corneliusbrücke eine Gelegenheit. Der liebevoll Isarbalkon genannte Ort befindet sich zwischen dem großen und den beiden kleineren Brückenbogen. Am Scheitelpunkt der halbrunden Anlage schaut man zwar nicht über ein unendliches Meer, dafür aber über den am Westende der Museumsinsel sich teilenden Isarstrom hinweg auf die Reichenbachbrücke. Und auf die dahinter himmelwärts ragenden Türme der 1892 bis 1908 erbauten Kirche St. Maximilian, die über das Glockenbachviertel wacht. Bei stimmungsvollem Sonnenuntergang wandelt sich der Brückenvorbau in einen hinreißend schönen Ort, der pure Romantik verbreitet. Die rund 120 Jahre alte und ca. 150 Meter lange Corneliusbrücke verbindet die Isarvorstadt links der Isar mit der Au rechts der Isar. Sie ist nach dem Kunstmaler Peter von Cornelius (1783–1867) und seinem Neffen Peter Cornelius (1824–1874) benannt, seines Zeichens Komponist und Dichter. Seit einigen Jahren verwandelt sich der frei zugängliche, von hohen Pappeln bestandene Isarbalkon wochenlang zur sandreichen Veranstaltungsbühne. Und mitunter folgt auf den sommerlichen „Kulturstrand" in der kalten Jahreszeit noch der „Winterstrand". Sobald man den Isarbalkon über eine der beiden Steintreppen betritt, wechselt man buchstäblich Welten. Die urbane Hektik Münchens lässt man schlagartig hinter sich zurück und betritt für eine Weile die Oase an der Corneliusbrücke. Mit einer Bar, die Speisen anbietet, und einer, die Getränke serviert. Man ist dort zwar selten allein, aber dem Glück zu zweit steht hier niemand im Wege.

TIPP

Via https://kulturstrand.org den Newsletter abonnieren und über Kulturstrand-Events auf dem Laufenden bleiben.

- Isarbalkon, Corneliusbrücke, 81541 München
- ÖPNV: Bus 132, Haltestelle Corneliusbrücke; Bus 52 und 62, Haltestelle Baaderstraße

DER HIMMEL DER BAYERN
Hacker Pschorr

Pure Lebensfreude

27 Stachus-Fontäne am Karlsplatz

Wer sich an heißen Sonnentagen mit geschlossenen Augen durch Münchens City führen lässt, wird an einer Stelle sofort wissen, wo er sich befindet. Am gleichzeitigen vielstimmigen Rauschen, Hupen, Quietschen und Kreischen ist der von den Einheimischen lieber Stachus als Karlsplatz genannte Ort leicht auszumachen. Dabei zählt er nicht nur zu den belebtesten Plätzen der Stadt, sondern auch zu den geschichtsträchtigsten und lebendigsten. Wo heute im Sommer die Wasserschleier der Stachus Fontäne aus rund 200 Düsen das Rondell und die Besucher besprühen, führte einst die für den Wohlstand der mittelalterlichen Stadt so wichtige Salzstraße von München nach Augsburg. Ende des 18. Jahrhunderts entstand an der Stelle der Karlsplatz, der nach Kurfürst Karl Theodor benannt wurde. Später ergoss sich über ihn viele Jahre lang der tosende Auto- und Tramverkehr ins Stadtinnere. Damit war aber 1972, im Jahr der Olympischen Sommerspiele, Schluss. Seither beherrscht der kreisrunde Stachus-Brunnen mit seinen flachen Stufen und dem in der Nacht erleuchteten Wasserspiel die Szene vor historischer Kulisse. Die vielen hervorsprudelnden Strahlen erzeugen eine halbkugelförmige Wasserglocke, unter der sich an heißen Tagen zahllose Passanten, laut johlend, eine kostenlose Erfrischungsdusche genehmigen. Dem vitalen Treiben kann man von den massiven Sitzsteinen aus, die den weitläufigen Brunnen säumen, genussvoll folgen. Allerdings sieht man in der ersten Reihe nicht nur am besten, man wird auch, ohne die Fontäne direkt zu betreten, bei etwas Wind schnell vom zerstäubten Wassernebel eingeweicht. Eine Frage ist noch offen: Woher hat der Karlsplatz den etwas befremdlichen Namen Stachus? Nun, der erwähnte Kurfürst war bei den Münchnern nicht allzu beliebt, der Gastwirt Mathias Eustachius Föderl – Spitzname: Eustachi – dagegen sehr. Und der schenkte in seiner Wirtschaft, liebevoll Stachus-Garten genannt, am Karlsplatz Bier aus. Und das floss damals in Strömen – wie heute die Wasser des Brunnens.

TIPP

Winters wandelt sich der Stachus-Brunnen zum „Münchner Eiszauber", dort kann man Schlittschuh laufen.

● Stachus Brunnen mit Fontäne, Karlsplatz 1, 80335 München
● ÖPNV: Bus 92, N40, N45, Haltestelle Karlsplatz (Stachus); Tram 16, 17, 18, 27, 28, N17, N27, Haltestelle Karlsplatz (Stachus)

WAREN

Ins Freie fliegen

28 Schaukeln überm Schwabinger Bach

Wenige Hundert Meter südlich vom Aumeister, einem Eldorado für Biergartenfans im Norden des Englischen Gartens, kann man für einen flüchtigen Augenblick etwas ganz Besonderes erleben. Wo der Schwabinger Bach die gleichnamige Bucht in einer bauchigen Kurve ein wenig umrundet, ist für die Dauer eines Wimpernschlags das einmalige Kribbelgefühl schwerelos zu sein zu haben. Zum Nulltarif kann man dort gleichzeitig in den blauen Himmel und übers blaue Bachwasser fliegen. Mit ordentlichem Schwung ins grenzenlos Freie. Am Rande der Liegewiese, auf der bei herrlichem Wetter die Freikörperkulturfreunde im Sonnenlicht baden, baumeln aus einigen Metern Höhe nebeneinander vier Seile herunter. Oben gibt ihnen ein dicker, den Bach überspannender Ast den notwendigen Halt. Unten bilden sie die perfekte Aufhängung für zwei hölzerne Schaukelsitze. Knapp über der Wasseroberfläche scheinen sie buchstäblich in der Luft stehend zu schweben, während sich unter ihnen der flache Schwabinger Bach leise und leicht kräuselnd nordwärts Richtung Isarauen und Garching bewegt. Angesichts der beiden Wasserschaukeln hat man nun die Wahl: Man kann – wie in längst vergangenen Kindertagen – vorsichtig vom Ufer aus barfuß durchs niedrige Nass zur Schaukel staken, sich daraufsetzen und in die Lüfte schwingen. Dabei beide Trageseile fest im Griff, die Beine nach vorne durchgestreckt – und das Fliegen mit geschlossenen Augen einfach mit jeder Pore genießen: hin und her und her und hin. Nichts als ein unbändiges Freiheitsgefühl genießen. Die mögliche Alternative: Falls man den kurzen Gang durchs kalte Bachwasser scheut, sich am schattigen Ufer zu Füßen des mächtigen Baumes niederlassen und seinen Gedanken nachhängen. So oder so, ob man nun schaukelt oder nicht, allein die Idylle der Natur zu erleben, ist ein Gewinn, und plötzlich beginnt die gestresste Seele angenehm zu baumeln. Untermalt vom plätschernden Gesang des Schwabinger Bachs schöpft man daraus mehr Kraft als aus einer Yoga-Stunde in einem Studio.

TIPP

Der nahe Aumeister (Sondermeierstraße 1) ist ein sehr beliebtes Restaurant mit großem Biergarten.

- Schaukel an der Schwabinger Bucht, 80805 München
- ÖPNV: U 6, Haltestelle Studentenstadt

Höfisches Quartett

29 Vier Brunnen mit Tempel im Hofgarten

Auch einer Hoheit, in diesem Fall Herzog Maximilian I. von Bayern zu Beginn des 17. Jahrhunderts, wird's mal zu eng. Dann muss in der Regel etwas weichen, erweitern kommt aber manchmal auch infrage. Letzteres empfahlen die willfährigen Hofschranzen ihrem Chef als prima Lösung – und Maximilian I. gab ihnen grünes Licht und ließ sie gewähren. Die Geburtsstunde des Hofgartens hatte geschlagen. Kurzerhand zauberten seine Untertanen eine liebliche Anlage aus dem Nichts, und zwar im Stil italienischer Renaissancegärten. Gleich hinter der Residenz, die unter seinen Nachfolgern weiter ausgebaut wurde und heute Deutschlands größtes Innenstadtschloss ist. Jedenfalls hatte Maximilian I. am Ende, wonach er sich so sehr sehnte: mehr Raum und mehr Weite. Auch gegenwärtige Zeitgenossen, Einheimische und Urlauber, wissen den Hofgarten in bester City-Lage überaus zu schätzen. Nicht nur, weil er eine erholsame Ruheoase im urbanen Getöse darstellt, in der man schnell auftanken kann, bevor man sich erneut in den Großstadttrubel wirft. Vielmehr ist das ganze Ambiente so beeindruckend, dass man es weder missen noch vergessen will. Betritt man den Hofgarten vom Odeonsplatz durch das imposante Hofgartentor von 1816, ist man von der Gartengestaltung gleich angetan. In der Mitte thront der Dianatempel, in dem Musiker und Tänzer gelegentlich ihre Kunst zum Besten geben. Von seinen acht Bogen gehen acht Kieswege aus, die den Hofgarten geometrisch durchziehen. Vier plätschernde Schalenbrunnen mit Minifontänen markieren kreisrunde Plätze, niedrige Hecken und Rabatten schmücken die Pfade. Über den Garten verteilt stehen zahllose Bänke, die zum entspannten Verweilen einladen. Und dreht man sich um die eigene Achse, prasselt geradezu ein Feuerwerk an herrlichen Bildern auf einen nieder: Arkadengänge, die Staatskanzlei, die Residenz und die leuchtend gelbe Silhouette der Theatinerkirche. Kurzum, der Hofgarten ist ein einziger Glücksspender, in dem man ausreichend Zeit verbringen sollte.

TIPP

Schumann's Bar am Hofgarten, laut ihrem Chef eine „gehobene Kantine am schönsten Platz Münchens".

- Brunnen im Hofgarten, Hofgartenstraße 1, 80538 München
- ÖPNV: U 3, U 4, U 5 und U 6, Haltestelle Odeonsplatz; Bus 100, Haltestelle Odeonsplatz

Sinnliches Café

30 Gans am Wasser im Westpark

Wer den 1986 für die Internationale Gartenausstellung angelegten Westpark in Sendling noch nicht kennt, wird ihn sicher schnell ins Herz schließen. Topografisch kommt er wie die Miniaturausgabe einer typischen Voralpenlandschaft daher, einschließlich lang gestreckten Hügel- und Tallandschaften sowie zwei im Sonnenlicht bläulich schimmernden Seen. Von den aufgeschütteten Hügeln kann der Besucher wahlweise die Stadt und die Alpen sehen. In der Nähe der Grünen Brücke, die sich über den Mittleren Ring spannt und die Anlage in einen West- und Ostteil trennt, begegnet dem Flaneur ein Niedermoor-Biotop. Danach schlängelt sich ein schmaler Wasserlauf etwa 400 Meter lang verspielt an eine Kaskade heran, die diesen speist. Unweit davon liegt ein Großstadt-Glücksort par excellence: Das einladend-originelle Bauwagen-Café Gans am Wasser. Seine mit Tischen, Stühlen und Bänken übersäte ausladende Terrasse schmiegt sich in einer kleinen Bucht des Mollsees direkt ans Wasser. Unter einem Schatten spendenden Zeltdach räkeln sich gemütliche Sofas und Sessel in unmittelbarer Nähe eines Klaviers, das neben einem kleinen gezimmerten Bühnenpodest steht, auf dem bevorzugt im Sommer kostenlose Konzerte gegeben werden. Nicht zu vergessen: die mit bunten Schirmen und Girlanden geschmückte Terrasse, die an impressionistische Gemälde denken lässt. Wenn sich dann die blaue Stunde anschickt, den Abend in ein romantisches Licht zu tauchen, wird das Café Gans am Wasser vollends von einer Stimmung eingehüllt, von der man nur schwärmen kann. Traumschön verwandeln dann unzählige Lampen den zauberhaften Ort in ein warmes Lichtermeer – als hätten sich Tausende Glühwürmchen zu einem Stelldichein getroffen. Auch die kulinarischen Angebote überzeugen – Kaffee, frisch gepresste Säfte, Bier und Wein sind ebenso zu haben wie leckere Snacks, etwa die hausgemachten Rosmarin-Pommes. Selbst in der kalten Jahreszeit muss man nicht darben: der „Winterzauber“-Weihnachtsmarkt ist eine echte Empfehlung!

TIPP

Die Website informiert über aktuelle Veranstaltungen und den Zeitraum des jährlichen Winterzaubers.

- Gans am Wasser, Siegenburger Straße 41, 81373 München, www.gansamwasser.de
- ÖPNV: Bus 62, 130, N43, Haltestelle Baumgartnerstraße; U 4, U 5, S 7, Haltestelle Heimeranplatz; U 6, Haltestelle Partnachplatz

Biologischer Badespaß

31

Naturbad Maria Einsiedel in Thalkirchen

Eines sollte man immer auf dem Schirm haben: Auch dieser Glücksort befindet sich inmitten von München, der Weltstadt mit ihren knapp anderthalb Millionen Einwohnern. Dementsprechend ist im Naturbad Maria Einsiedel in Thalkirchen während der Sommersaison richtig was los. Von einem Badespaß am einsamen Strand kann jedenfalls nicht die Rede sein. Trotzdem ist es dort unglaublich schön. Warum, liegt auf der Hand: Einmal ist die Lage in den weiträumigen Grünanlagen und Auen entlang der Isar einfach bestechend. Zudem fließt der Isarkanal mit seinem erfrischend-kalten Wasser auf einer Länge von rund 400 Metern durch das Bad hindurch. Die hervorragende Wasserqualität im Schwimm- und Nichtschwimmerbecken, beide durch einen schmalen Kanal miteinander verbunden, wird auch durch die biologische Aufbereitung garantiert. Anstelle chemischer Substanzen, wie das meist übliche Chlor, übernehmen hier feinste Mikroorganismen die Reinigung. Sie räumen unliebsame Bakterien und Nährstoffe zuverlässig und natürlich aus dem Weg. Und zwar ganz still und leise, der badefreudige Besucher bekommt davon überhaupt nichts mit. Was allerdings für Frostbeulen bedeutet, dass sich das grün schimmernde Naturbadwasser nur bis maximal 22 Grad beheizen lässt, in normalen Freibädern sind bis zu 24 Grad möglich. Doch in zunehmend heißen Sommern ist dieser Umstand ja mehr als willkommen. Außerdem punktet das Naturbad mit einem Kinderplanschbereich, ausladenden Liegewiesen unter altem Baumbestand, die für ausreichend Schattenwurf sorgen, und einer gemischten sowie einer separierten FKK-Zone. Behindertenfreundlich und rollstuhlgerecht ist das Bad auch. Wen interessiert eigentlich ein Karibik-Flair-Versprechen bunter Touristikkataloge noch, das mit weißen Sandstränden, kristallklarem Wasser und azurblauen Himmeln glänzt, wenn man das Badevergnügen im Naturbad Maria Einsiedel unmittelbar vor der Haustür hat? Die attraktive Mischung aus zwangloser Gemütlichkeit und unbändiger Badefreude ist auch in Thalkirchen zu haben.

TIPP

Picknickpaket samt Leiterwagen für ein romantisches Isarpicknick buchen, www.villa-flosslaende.com.

- Naturbad Maria Einsiedel, Zentralländstraße 28, 81379 München, www.swm.de/baeder/schwimmen-sauna/maria-einsiedel
- ÖPNV: U 3 und StadtBus 135, Haltestelle Thalkirchen-Tierpark; StadtBus 134, Haltestelle Rupert-Mayer-Straße; StadtBus 135, Haltestelle Bad Maria Einsiedel oder Floßlände

Zum Abheben schön

32

Postkartenidyll am Olympiasee im Olympiapark

Auch fünfzig Jahre nach seiner Eröffnung bietet der anlässlich der Olympischen Sommerspiele 1972 entstandene Olympiapark so ziemlich alles, was ein großstädtisches Besucherherz begehrt: Unterhaltung ohne Ende, Konzerte und Events übers ganze Jahr und mit mehr als 3000 Bäumen Natur satt. Selbst Gipfelstürmer kommen hier auf ihre Kosten: Von verschiedenen Standpunkten aus – Olympiadach, Olympiaturm und Olympiaberg – hat man eine herrliche Sicht über den Park und die gesamte Isarmetropole. Und an klaren Tagen reicht der Blick sogar bis zu den Alpen am südlichen Horizont. Nur im Olympiasee zu baden, ist trotz seiner Größe nicht erlaubt. Dafür kann man ihn aber mit kleinen Booten befahren, der Verleih am Steg ist mit Ruder- und Tretbooten stets zu Diensten. Bei der immensen Fülle an Sehenswürdigkeiten, Attraktionen und Freizeitmöglichkeiten, ist immer etwas los. Trotzdem finden sich abseits der weitläufigen Wege ausreichend Rückzugsräume, die aus dem Olympiapark auch einen Ruhepark machen können. Solche Relax-Zonen liegen mitunter nur einen Katzensprung von ausgetretenen Pfaden entfernt, beispielweise an der Olympiasee-Brücke, über die man auf dem Rudolf-Harbig-Weg vom Süd- ans Nordufer wechselt. Am Ende des Geländers biegt man nach rechts und geht über die abschüssige Wiese zum Wasser hinunter. Dort sucht man sich eines der wenigen schattigen Plätzchen und genießt den fantastischen Ausblick auf ein strahlend schönes Postkartenidyll. Vor einem liegt der von Bäumen gesäumte, leicht geschwungene, im Schnitt nur 1,3 Meter tiefe Olympiasee, das Theatron mit Steintreppe und der Bühne unterm gewölbten Sonnensegel sowie ein gewaltiges Zeltdach, von armdicken Stahlseilen gehalten. Dahinter der alles überragende Olympiaturm, gleich daneben der BMW-Vierzylinder, in dem sich die Hauptverwaltung des bayerischen Autobauers befindet. Überaus faszinierend aber ist, dass die pittoreske Kulisse trotz ihres Alters von fünfzig Jahren immer noch futuristisch wirkt.

TIPP

Bei einer geführten Klettertour das weltberühmte Olympiadach aus der Nähe betrachten.

● Olympiabrücke am Olympiasee, Rudolf-Harbig-Weg, 80809 München
www.olympiapark.de
● ÖPNV: Bus 144, Haltestelle Spiridon-Louis-Ring; U 3, Haltestelle Olympiazentrum; Tram 20 und 21, Haltestelle Olympiapark West

Gülden beschirmt

33

Springbrunnen unterm Friedensdenkmal

Wie man dem Springbrunnen zu Füßen des Friedensengels auch begegnet – auf Augenhöhe oder von der über zwei Treppen erreichbaren Aussichtsterrasse herab –, es ist ein Erlebnis, das man nicht mehr vergisst. Dabei spielt die meterhohe, von vier auf Karpfen reitenden Kinderfiguren und acht kleineren Wasserstrahlen gerahmte Wasserfontäne eine beträchtliche Rolle. Bei Sonnenschein kommt sie besonders gut zur Geltung, dann glitzert die Springquell-Gischt in den herrlichsten Regenbogenfarben Rot, Orange, Gelb, Grün, Hellblau, Indigo und Violett. Doch nicht nur das macht den Brunnen so attraktiv. An seinem Standort auf der Prinz-Luitpold-Terrasse inmitten der Maximiliansanlagen wirkt er wie ein stoischer Fels in der Brandung des ihn ringförmig umtosenden Prinzregentenstraßenverkehrs. An ihm scheint aller zivilisatorischer Lärm der modernen Großstadt abzuprallen. Das elegant in Naturstein gefasste Brunnenbecken scheint den Eindruck von Ruhe optisch zu verstärken, aus einem Guss gefertigt, strahlt es vollendete Harmonie aus. Ein Anblick, der niemanden unberührt lässt. Nicht zu unterschlagen ist noch die einmalige Perspektive, die man unter den beschirmenden Flügeln des güldenen Friedensengels und oberhalb der zwei Freitreppen vorm quadratischen Tempel einnimmt: Über Isar und Luitpoldbrücke hinweg wandert der Blick auf der Sichtachse bis zum rund einen Kilometer entfernten Prinz-Carl-Palais, einst Amtssitz des Bayerischen Ministerpräsidenten. Dahinter ist ein schmaler Turm mit kleinem Zeltdach schemenhaft zu erkennen. Er signalisiert: Hier steht die evangelische Pfarr-, Universitäts- und Dekanatskirche St. Markus. Ebenfalls im Herzen der Stadt, wie der Springbrunnen mit seinem saisonalen Wasserspiel. Die gesamte Terrassenanlage, von den Einheimischen Friedensengel genannt, ist ein Friedensdenkmal, das ans Ende des siegreichen Deutsch-Französischen Kriegs von 1870/71 erinnert. Es hat – Ironie der Geschichte – den Zweiten Weltkrieg nahezu unbeschadet überstanden, während die Stadt großteils zerbombt war.

TIPP

Im Tunnel unter der Luitpoldbrücke am Friedensengel sind Street-Art-Kunstwerke zu entdecken.

- Brunnen am Friedensengel, Prinzregentenstraße, 81675 München
- ÖPNV: Stadtbus 100, Haltestelle Reitmorstraße/Sammlung Schack

Luftiges Vergnügen

34 An der Großhesseloher Brücke im Isartal

Erkennbar ist ihre Konstruktion schon von Weitem: egal, ob man aus südlicher oder nördlicher Richtung kommt. In 42 Metern Höhe schwingt sie sich über das Isartal und verbindet als stählernes Betonband im Fachwerk-Look die beiden Isarhochufer auf Münchner und Pullacher Seite: die Großhesseloher Brücke. Darüber breitet sich an Schönwettertagen ein weiß-blauer Himmel aus, der grenzenlos scheint. Sollte die Sonne doch einmal pausieren, was Einheimische nur vom Hörensagen kennen, blickt das Firmament in tristem Grau auf den Betrachter herunter – ebenfalls unlimitiert. So oder so, eines bleibt unverändert: Unter der Brücke fließen ganz entspannt nebeneinander der blau-grün schimmernde Isarstrom im renaturierten Bett sowie der hauptsächlich zur Energieerzeugung genutzte Isar-Werkkanal. Durch den Fachwerkbereich der Brücke führt ein seitlich vergitterter Rad- und Fußweg, der einen spektakulären Blick auf das zu Füßen liegende Isartal und gen München bietet. Abgesehen vom Murmeln anderer Passanten, vom leisen Grummeln der Bohlen, wenn Fahrradfahrer darüberradeln, und den Rollgeräuschen der S-Bahn, die im 20-Minuten-Takt oberhalb der Brücke zwischen München und Holzkirchen zweigleisig verkehrt, herrscht dort oben in der Regel angenehme Stille. Lediglich während der Saison von Ende April bis Mitte September erschallen nachmittags immer mal wieder feuchtfröhliche, von fetziger Musik untermalte Lieder. Die gehen von den Floßfahrt-Events aus, die sich vom Fassbierverbrauch beschwingt auf dem Isar-Werkkanal ihrem Endpunkt an der Floßlände nähern. Selbstverständlich kann man unterhalb und flussabwärts der Großhesseloher Brücke auch prima baden. Das flache Wasser ist zwar eiskalt, aber auch wohltuend erfrischend. Und auf den reichlich vorhandenen Kiesbänken kann man sich anschließend von der Sonne wärmen lassen. Außerdem geht es hier deutlich ruhiger zu als in den ausgewiesenen Badezonen zwischen der Wittelsbacher- und Reichenbachbrücke, wo die Handtuchdichte eine wesentlich höhere ist.

- Großhesseloher Brücke, 82049 Pullach im Isartal
- ÖPNV: Bus N272 und Tram 25, Haltestelle Großhesseloher Brücke; S 7 und S 20, Haltestelle Großhesselohe Isartalbahnhof

Fischer ohne Angel

35

Fischerbrunnen auf dem Nikolaiplatz

München kommt zwar längst nicht an die 3000 Seen heran, die sich in und um Berlin befinden. Auch ist das Kanalsystem der bayerischen Metropole nicht annähernd so breit wie das Hamburgs, wo allein die Alster zweiundzwanzig Kanäle zählt. Aber beim Thema Fisch lässt sich die bayerische Weltstadt mit Herz nicht lumpen. Ordentlich Frischfisch tummelt sich in Isar und Würm, und auch der Isar-Werkkanal im Süden Münchens und der Mittlere-Isar-Kanal im Norden sind diesbezüglich nicht ohne. Und das nicht erst in neuerer Zeit. Bereits zu Beginn des 14. Jahrhunderts ahndete das Münchner Stadtrecht Fischdiebstahl und -betrug. Außerdem gibt es in München ein Jagd- und Fischereimuseum und auch mehrere Brunnen haben einen Fischbezug. Beispielsweise der Fischerbrunnen auf dem Nikolaiplatz inmitten von Schwabing. Bis 1898 stand hier die Nicolaikirche, Jahre später umrundete eine Tramlinie den Platz, um sogleich wieder zum Harras zurückzukehren. Gleisreste auf der Straße sind Spuren jener Tage. Heute stellt das altehrwürdige Karree mit seinen zahlreichen Stadthäusern und vielen Bäumen für Anwohner und Passanten eine kleine grüne Ruhezone dar. Mittendrin steht ein wenig verloren der Fischerbrunnen auf einem dicken Steinquader. Über der bronzenen Wasserschale scheint eine Kugel zu schweben, aus der an zwei Auslassungen Wasser herabstrahlt. Darauf steht ein junger Mann mit Hut in einer knappen (Bade-)Hose. Einen Fisch in der linken Hand, die Angel in der rechten muss man sich hinzudenken, sie ist nicht mehr vorhanden. Stolz präsentiert er seinen Fang wie eine Trophäe. Könnte er seinen Sockel verlassen, würde der sicher mit einem guten Stück Butter in einer gusseisernen Pfanne landen. Jedenfalls bereitet der Anblick des mit Anglerglück gesegneten Fischers spontane Freude – und auch ein wenig Appetit. Den kann man vis-à-vis beim Imbiss „Alles Wurscht" im coolen Biergarten mit Hinterhofcharakter und bunten Stühlen stillen. Allerdings gibt's hier – der Name ist Programm – Wurst statt Fisch.

TIPP

Das Kulturzentrum Seidlvilla hat einen schönen Garten und ein abwechslungsreiches Kulturprogramm.

- Fischerbrunnen, Nikolaiplatz, 80802 München
- ÖPNV: U 3 und U 6, Haltestelle Giselastraße; Bus 54, 58, 154 und N43, Haltestelle Giselastraße

Schwarzes Gold

36 Fausto Kaffeerösterei in Untergiesing

Mitten im Uferbiotop der Isarauen liegt die Kraemer'sche Kunstmühle in Untergiesing. Die sie umfließenden Arme sorgen an heißen Tagen für eine willkommene Abkühlung, gleichzeitig verleihen sie diesem Ort eine romantisch-idyllische Note. Die ehemalige Papier- und spätere Getreidemühle liegt wie auf einer Halbinsel – von Auer Mühlbach und Kunstmühlennebenbach flankiert – inmitten alter Bäume. Von 1949 bis 2007 zählte das Anwesen zu den größten Mühlen Bayerns. Wohl keine Semmel und keine Brezn in München und Umgebung kam ohne das Mehl aus, das hier gemahlen wurde. Inzwischen wurde die Kraemer'sche Kunstmühle, deren ursprüngliche Silhouette und terrakottafarbene Fassade nahezu unverändert erhalten ist, zu einem modernen multifunktionalen Gewerbe-, Atelier- und Bürokomplex umgebaut. Zu ihm gehört im Erdgeschoss das Café Fausto mit der gleichnamigen Kaffeerösterei im rückwärtigen Trakt. Kaum betritt man den Laden, dessen Wände historische Aufnahmen der Mühle schmücken, erobern herrlich duftende Aromen die Nase und verführen zum spontanen Kaffeegenuss: Wenn nicht jetzt, wann dann? Allein schon die Namen der hier schonend gerösteten Kaffeesorten klingen wie kleine schmackhafte Glücksversprechen, wie zum Beispiel der Espresso Giubileo, Paradiso, Giasing (= Giesing) und der India Monsooned Malaba, dessen Rohbohnen im tropischen Monsunregen gelagert worden sein sollen. Diese überaus aromatischen Lebenselixiere genießt man am besten auf jenem Teil der Terrasse, der sich direkt neben dem Auer Mühlbach befindet. Dazu knabbert man einen köstlichen Florentiner oder andere Leckereien. Damit der vollmundige Kaffeegenuss am nächsten Tag auch wiederholt werden kann, nimmt man sich am besten im Café-Shop noch ein oder zwei Päckchen seiner Lieblingsbohne mit nach Hause. Wer mehr über die vielfältige Welt der Kaffeekultur und die handwerkliche Kunst der Rösterei erfahren möchte, kann in Faustos Kaffeeakademie einen entsprechenden Kurs aus dem umfangreichen Schulprogramm buchen und besuchen.

TIPP

Der sehenswerte Zwiebelturm um die Ecke gehört zum Hauptsitz des deutschen Templerordens samt Kloster.

- Fausto Kaffeerösterei, Birkenleiten 43, 81543 München, Tel. (0 89) 62 23 11 13 www.fausto-kaffee.de
- ÖPNV: U 1, Haltestelle Candidplatz, dann Bus 52 (Richtung Tierpark), Haltestelle Lebscheestraße

Urbanes Wohlfühlgefilde

37 Lerchenauer See in Feldmoching-Hasenbergl

In Feldmoching-Hasenbergl, Münchens zweitgrößter und nördlichster Stadtbezirk, heißt der Lerchenauer See alle schwimmfreudigen und Erholung suchenden Besucher willkommen. Zusammen mit dem Fasaneriesee und Feldmochinger See, die sich in der Nähe befinden, bildet er die sogenannte Dreiseenplatte. Sie sind Ende der 1930er-Jahre durch Kiesentnahme für einen im Bau befindlichen Rangierbahnhof entstanden, erst seit den 1970er-Jahren fungieren die Baggerseen als beliebte blaue Anziehungspunkte. Trotz der vielen weitläufigen Grünflächen in dieser Gegend hat sie gerade im unmittelbaren Dunstkreis des Gewässers ihren großstädtischen Charakter bewahrt. Das fällt einem besonders in Ufernähe auf. Dort bestimmen vier Hochhäuser das eindrückliche Panorama – liebevoll auch „die vier Apostel" genannt. Stockwerk um Stockwerk streben sie unterm weiß-blauen Himmel in die Höhe, man könnte meinen, sie hätten ein achtsames Auge auf die Lerchenauer Seegäste. Die Wasserqualität lässt das alles vollkommen kalt, sie ist einfach gleichbleibend gut. Trotzdem wird sie – sicher ist sicher – während der Saison von Mitte Mai bis Mitte September monatlich vom Münchner Gesundheitsreferat auf Herz und Nieren überprüft. Entsprechend ausgelassen tummeln sich die Anwohner und Besucher im, am und auf dem erfrischenden Nass: Da planschen, paddeln und schwimmen sie, liegen unter Schatten spendenden Bäumen, genießen es, in der Sonne zu baden und lassen sich schmecken, was der mitgebrachte Grillmeister in den dafür ausgewiesenen Zonen auf dem Rost über der glühenden Holzkohle so fabriziert. Wer nach dem Mahle Lust auf einen kleinen Spaziergang verspürt, kann seinem Drang ungehemmt nachgeben. Der asphaltierte Rundweg, der sanft hügelig um den Lerchenauer See führt, ist in einer halben Stunde geschafft. Dabei wird einem schnell klar: Trotz seines urbanen Flairs geht es in diesem Wohlfühlgefilde kein bisschen hektisch zu. Und sollte es am Ufer erneut einen Seebiergarten geben, angeblich ist er längst geplant, wäre das ein zusätzlicher Gewinn.

TIPP

Ein Hingucker ist die 1968 gebaute Kapernaumkirche mit zeltförmigem Dach und 44 Meter hohem Turm.

- Lerchenauer See, Lassallestraße, 80995 München
- ÖPNV: Bus 60, Haltestelle Lerchenauer See

Hommage an Originale

38 Brunnen auf dem Viktualienmarkt

„An jedem Eck a Gaudi“, heißt es einmal im Jahr auf dem Brunnenfest am Viktualienmarkt. Jeweils am ersten Freitag im August ist dort die Hölle los, allerdings nicht mit Feuer und Schwefeldämpfen, sondern mit bayerisch-volkstümlicher Musik, traditionellen Tänzen, allerlei historischen Kostümen und blumengeschmückten Brunnen. Mehr als hundert Künstler, Musiker, Sänger und Schauspieler fluten an diesem Festtag den ursprünglichen Bauern- und Kräutermarkt im Herzen der Münchner Altstadt, der sich längst zum größten Lebensmittelmarkt der Stadt gemausert hat und der alles im reichhaltigen Angebot führt, was Leib und Seele an Köstlichkeiten begehren. Von typisch bayerischen Produkten bis zu den exotischsten Früchten. Für jeden Gaumengeschmack lässt sich hier das Passende finden. Anspruchslose Fastfooder kommen hier ebenso auf ihre Kosten wie wählerische Feinschmecker. Derweil ist das Brunnenfest eine unterhaltsame Verneigung vor der großen Zeit der Münchner Bänkelsänger und Volksschauspieler von 1850 bis 1920. Übers Areal des Viktualienmarkts sind einige dieser Originale als Brunnenfiguren verewigt. Darunter finden sich die klangvollen Namen von Karl Valentin und Liesl Karlstadt. Außer an den plätschernden Brunnen ehrt München sein über die Landesgrenzen hinaus bekanntes Komikerduo mit dem unbedingt sehenswerten Karlstadt-Valentin-Musäum im Isartor. Weitere Figurenbrunnen sind den Theaterschauspielerinnen Ida Schumacher und Elise Aulinger gewidmet. Letztere hieß mit bürgerlichem Namen Elise Sommer und war Großtante von Sigi Sommer, dessen bissige Lokalkolumne „Blasius der Spaziergänger“ 40 Jahre in der Abendzeitung erschien und ihn zur Münchner Legende machte. Als Bronzestatue steht er nun in der Rosenstraße 8. Auch die beiden Volkssänger Jakob Roider und Weiß Ferdl werden mit Wasserspielen auf dem Markt gewürdigt. Der Kartoffelbrunnen bei den Kartoffelständen und der Honigbrunnen beim Honighäusl-Stand vollenden den fröhlichen Brunnenreigen auf dem Viktualienmarkt.

TIPP

Den Maibaum auf dem Viktualienmarkt zieren viele Figurengruppen mit Motiven des Münchner Lebens.

- Brunnen auf dem Viktualienmarkt, 80331 München
- ÖPNV: Bus 132, Haltestelle Marienplatz; Bus 52 und 62, Haltestelle Viktualienmarkt

Der

Staunen wie Napoleon

39 Fontäne im Rondell vor Schloss Nymphenburg

Seit über 200 Jahren schießt sie nun schon auf der Stadtseite von Schloss Nymphenburg aus einem Rondell unter gewaltigem Druck rund 20 Meter in den Himmel der Bayern, den der Schriftsteller Carl Amery einst als „weiß-blauen Prunk-Baldachin der Gemütlichkeit" beschrieb. Wer die riesige Fontäne einmal mit eigenen Augen stieben, bei Wind auch sprühen gesehen hat, dem bleibt sie in wacher Erinnerung. Dem Besucher ergeht es wahrscheinlich ähnlich wie Napoleon, der 1806 an den Krönungsfeierlichkeiten von Kurfürst Maximilian Joseph zum ersten König Bayerns in München teilgenommen hatte. So hoch, so schön hatte selbst Bonaparte noch keine Fontäne sprudeln sehen. Kein Wunder, die Pumptechnik von Joseph von Baader gilt bis heute als Meisterwerk der Ingenieurskunst. Der besonderen Wirkung der Fontäne scheinen sich die heutigen Schlossverwalter durchaus bewusst zu sein. Das fantastische Wasserspiel bringen sie in der Brunnensaison (in der Regel von Ostern bis Oktober) zwar täglich, allerdings nur stundenweise zur Aufführung, nämlich von 10 bis 12 und 14 bis 16 Uhr. So, als beherzigen sie das Motto: „Willst du was gelten, mach dich selten!" Eine besonders schöne Aussicht auf den Brunnen genießt man übrigens von der breiten Freitreppe, die zum Eingang des Hauptgebäudes des Schlosses mit dem Großen Festsaal führt. Der bildet das Zentrum der Schlossanlage und sieht noch heute wie bei seiner Fertigstellung 1756 aus. Von dem erhöhten Standpunkt blickt man über die Fontäne hinweg den schnurgeraden Schlossgartenkanal entlang bis zum Hubertusbrunnen in Gestalt eines überdachten Tempels. Von hier aus kommt auch die perfekte Symmetrie des Schlossrondells zur Geltung, die ein Gefühl von Ordnung und Schönheit vermittelt. Nichts und niemand tanzt hier aus der Reihe, alles ist dort, wo es hingehört, es herrscht vollkommene Harmonie – was für eine seltene und durchaus willkommene Erfahrung in unserer heutigen Zeit. Und wem das nicht reicht: Parkseitig gibt es im großen Parterre noch eine zweite Fontäne.

- Fontäne im Schlossrondell, Schloss Nymphenburg 205, 80638 München, www.schloss-nymphenburg.de
- ÖPNV: Tram 17 und N17 sowie Bus 51, 151 und N87, Haltestelle Schloss Nymphenburg

Malerisches Idyll

40

Brunnbach im Grüntal Bogenhausens

„Ein jegliches hat seine Zeit …“ – so steht es schon in der Bibel. Anders gesagt: Alles ist in Bewegung, unterliegt einem steten Wandel. Davon kann auch der drei Kilometer lange Brunnbach ein Lied singen. Bis heute liefern seine Quellen trinkbares Wasser, ansonsten hat sich so ziemlich alles an ihm geändert. Seinen Anfang nimmt er im heutigen Herzogpark, was einst der Montgelas-Garten war, um nördlich der St. Emmeram-Brücke rechts der Isar endlich in den Stadtfluss zu münden. Dazwischen tritt er mal auf privatem Gelände sichtbar zutage, mal fließt er unterirdisch dahin. Einmal musste er sogar sein eigenes Bachbett wechseln. Kurzum, der Brunnbach ist ein Fließgewässer mit dynamischer Geschichte. Zugleich wohnt ihm aber auch Bleibendes inne, seit er vor rund hundert Jahren als nicht näher benannter „Bach“ Eingang in literarische Kreise fand. In der Erzählung „Herr und Hund“ hat Thomas Mann ihm ein literarisches Denkmal gesetzt. Die Allee hinunter in Richtung Grüntal führte sie (Herr mit Hund) der Weg seinerzeit, „dorthin, wo es ins Freie und in die Einsamkeit unserer Jagdgründe geht“. Die Isarinsel und der Mittlere Isarkanal standen damals zwar noch in den Sternen, doch nahe der 1924 errichteten Haimonbrücke, benannt nach Graf Haimon von Dordogne aus der Zeit von Kaiser Karl dem Großen, verzückt der Brunnbach noch heute mit einem überaus idyllischen Plätzchen. Hier beglücken den Flaneur so herrliche Natureindrücke, als seien sie einem Bilderbuch entsprungen. Flach rinnt das Bächlein gen Norden, auf kleinstem Raum weitet sich sein Bett, um sogleich wieder zu verschlanken. Unter der bläulich schimmernden Oberfläche leuchten im einfallenden Sonnenlicht grüne Kolonien durchwachsenen Laichkrauts kontrastreich hervor. Man traut seinen Augen kaum: Myriaden von Unterwasserblättern scheinen in der leichten Strömung zu tanzen! Und mit Goethe sagt man zum Augenblick: „Verweile doch! Du bist so schön!“ Selbst wenn Thomas Mann mit Hund noch des Weges käme, wäre er nicht zu toppen.

TIPP

Unbedingt über die Haimonbrücke auf die Isarinsel gehen und gemütlich durch den Auenwald flanieren.

- Haimonbrücke, Haimonstraße, 81925 München
- ÖPNV: U 4 bis Arabellapark, dann mit Bus 187 (Richtung Michaelibad) bis Haltestelle Grüntal; Tram 16 bis Mauerkirchstraße, dann mit Bus 187 (Richtung Arabellapark) bis Haltestelle Grüntal

Am Schleusenwärterhäuschen

41 Bertschbrunnen am Marienklausensteg

In Thalkirchen kann man ein blaues Wunder mit erquickenden Eigenschaften besuchen. Zunächst geht man den Schlichtweg am Tierpark Hellabrunn entlang und quert dann den über die Isar führenden Marienklausensteg, eine mit Eichenbohlen belegte Fußgängerbrücke. Sogleich schließt eine ältere Stahlbetonbrücke an, die sich über den Isar-Werkkanal spannt. Dort, in unmittelbarer Nachbarschaft des malerischen Schleusenwärterhäuschens, plätschert es seit über hundert Jahren in zwei dünnen Wasserstrahlen vor sich hin, um durstgeplagte Passanten mit reinstem Trinkwasser zu erfrischen. Dabei macht der nach dem Architekten und Leiter des Bauamtes München Wilhelm Bertsch (1865–1916) benannte Bertschbrunnen optisch nicht einmal sonderlich viel her. Den Holztrogbrunnen als schlichte Erscheinung zu bezeichnen, ist daher keineswegs verkehrt. Trotzdem wird man seiner sofort gewahr, weil sein Zweck im Vordergrund steht. An ihm dient nichts der bloßen Zierde, wie man es von vielen imposanten Brunnen Münchens kennt. Das Einzige, was zählt, ist seine ureigenste Bestimmung: die Wanderer an Ort und Stelle mit Trinkwasser aus der städtischen Wasserleitung zu versorgen. Und das leistet der Bertschbrunnen nun schon pausenlos seit 1906 – im selben Jahr erfolgte übrigens nur sechs Kilometer isarabwärts die Grundsteinlegung des Deutschen Museums, dem weltweit ersten und bis heute wohl bedeutendsten Museum für Naturwissenschaft und Technik. Der Brunnenstandort ist durchaus glücklich gewählt, führen doch einige Rad- und Fußwege zu attraktiven Ausflugszielen direkt an ihm vorbei: Nur wenige Hundert Meter südlich lockt zum Beispiel der Hinterbrühler See mit seinem Erholungspark und vom gegenüberliegenden Isarufer grüßt – nördlich der in den Steilhang gebauten Marienklausenkapelle – der Tierpark Hellabrunn mit seinen animalischen Attraktionen aus aller Welt. Außerdem kommen hinter dem alten Schleusenwärterhäuschen zwischen April und September an der Floßlände die Isar-Floßfahrten aus Wolfratshausen an.

TIPP

Seitlich vom Brunnen erblickt man am Ufer das Wehr, ganz rechts die Ableitung des Auer Mühlbachs.

- Bertschbrunnen, Zentralländstraße 35, 81379 München
- ÖPNV: U 3, Haltestelle Thalkirchen (Tierpark); Bus 52, Haltestelle Alemannenstraße (Tierpark)

Wo Bier und Würm fließen

42

Insel Mühle Biergarten in Untermenzing

Wenn hochsommerliche Temperaturen das Thermometer hitzig nach oben schnellen lassen, träumt so mancher Zeitgenosse von Minusgraden und Eislandschaften. Derlei erfrischende Fantasien platzen aber meistens wie Seifenblasen. Umso mehr begrüßt man dann Orte, die das ach so heiß Ersehnte wenigstens annäherungsweise anbieten. Der Biergarten Insel Mühle in Untermenzing, der zum gleichnamigen Hotel und Restaurant gehört, ist so einer. Der Lärm des Autoverkehrs auf der nahen Von-Kahr-Straße scheint auf einmal weit entfernt. Nicht anders ergeht es dem eben noch gleißenden Sonnenlicht. Das wird vom dichten Blätterdach uralter Kastanien fast vollständig aufgefangen, in dessen Schatten es sich aushalten lässt. Doch damit nicht genug: Zum kühlenden Biergartengrün gesellt sich auch noch ein erfrischendes Biergartenblau namens Würm. Der Fluss, der den Starnberger See mit der Amper verbindet und nebenbei die Bassins von Schloss Nymphenburg und den Wassergraben von Schloss Blutenburg speist, plätschert hier als schmales Bächlein entlang des Biergartens. Ein kleines flaches Becken, vom Würmwasser gespeist, ragt sogar in den Biergarten hinein. Darin tummeln sich gut sichtbar Dutzende von Fischen, ein Hinweisschild spricht von den „Insel Mühle Barben". Das ist es, was die Insel Mühle unter Münchens Biergärten einzigartig macht. An schweißtreibenden Tagen kann man sich hier wunderbar erholen. Und wenn dann noch der durchdringende Klang der Glocke ertönt, weil der Wirt ein neues Fass Augustiner Bräu angestochen hat, schmeckt das Gaumenschmankerl, neben Grillspezialitäten gehört auch frischer Steckerlfisch dazu, im Selbstbedienungsbiergarten gleich noch mal so gut. Die Geschichte der Insel Mühle reicht übrigens sehr weit zurück. Urkundlich lässt sie sich bis in die Mitte des 15. Jahrhunderts zurückverfolgen. Bis 1923 wurde im historischen Mühlengebäude noch Korn gemahlen. Heute ist es ein Hotel mit Restaurant und Biergarten – durch die Würm getrennt und mit Holzbrücken verbunden.

TIPP

Nach dem Biergartenbesuch bietet sich ein kleiner Spaziergang am idyllischen Ufer der Würm an.

● Insel Mühle Biergarten, Von-Kahr-Straße 87, 80999 München, Tel. (0 89) 8 10 10
www.insel-muehle.de

● ÖPNV: Bus 164 und 165 sowie X80 (außer Sonn- und Feiertag), Haltestelle Von-Kahr-Straße

Augustiner-Bräu München
Barben

Beckentrio in Isarnähe

43

Schyrenbad in Untergiesing

Ist der Sommer endlich in der Stadt, folgen Ferien-Feeling und Badelust meist auf dem Fuße. Im Umland Münchens bieten sich dann Seen und Bergweiher als Erfüllungsgehilfen an. Auch der verlockend kühl vor sich hinfließende Strom, der München in ein Rechts- und in ein Links-der-Isar trennt, kommt infrage. Allerdings gibt es auch ausreichend erfrischende Alternativen, und zwar gleich acht an der Zahl, die allesamt von den Stadtwerken betrieben werden: die städtischen Freibäder. Aus diesem ansehnlichen Angebot ragt aus zwei guten Gründen das älteste Schwimmbad Münchens heraus: das Schyrenbad in Untergiesing, liebevoll auch „das Schyri" genannt. Zum einen schlägt es alle Geschwisterbäder dank seiner zentralen innerstädtischen Lage um Längen, zum anderen ist die umgebende Kulisse so idyllisch wie einmalig. Eingebettet zwischen Rosengarten, Frühlingsanlagen, Isar und Stadtgärtnerei steht es mit seinen drei Schwimmbecken – eins davon für planschende Kinder – in der Badesaison täglich bereit zum Empfang. Der Zugang ist übrigens barrierefrei, also behindertengerecht und rollstuhlfreundlich. Allerdings variieren die Öffnungszeiten wetterbedingt, (vorm Besuch unbedingt informieren!): montags bis donnerstags (10–19 Uhr), freitags bis sonntags (9–19 Uhr) und wetterbedingt. Vor rund 175 Jahren, exakt anno 1847, hieß die Mutter aller Münchner Freibäder zum ersten Mal ihre Gäste willkommen, anfänglich handelte es sich ausschließlich um Männer – andere Zeiten, andere Sitten. Mittlerweile hat sich das Schyri längst zum allseits beliebten, gut besuchten Familienbad gemausert. Zeitgleich können sich Badefreunde im vierstelligen Bereich auf weitläufigen Liegewiesen unter alten Schatten spendenden Bäumen nach Lust und Laune vergnügen. Und wem das alles noch nicht für das perfekte Badeglück reicht, darf sich auf weitere Angebote freuen. Neben Breitwasserrutsche, Spielplatz und Fußballwiese gehören auch ein Kiosk mit SB-Biergarten und eine Badeboutique nebst Liegestuhlverleih dazu.

TIPP

Jenseits der Humboldtstraße laden entlang der Isar die Frühlingsanlagen zu einem kleinen Bummel ein.

- Schyrenbad, Claude-Lorrain-Straße 24, 81543 München, www.swm.de
- ÖPNV: U 1, U 2, U 7 und U 8, Haltestelle Kolumbusplatz (Ausgang I); Bus 58, 68 und N45, Haltestelle Claude-Lorrain-Straße

Savoir-vivre am Pfanzeltplatz

44

Hachinger Bach und Brunnen in Perlachs Mitte

Wer in München nach einem farbigen Sehnsuchtsort sucht, ganz gleich ob blau, grün oder bunt, gerät irgendwann unweigerlich auf den Pfanzeltplatz in Altperlach. Als Herzstück des ehemaligen Dorfs Perlach, das längst zum Stadtbezirk Ramersdorf-Perlach gehört, mutet es wie ein mit lauter Preziosen gefülltes Schatzkästlein an. Von welcher Seite aus man diesen Ort auch betritt: Von der Sebastian-Bauer-Straße aus, an der mit St. Paulus die älteste erhaltene evangelische Kirche Münchens steht, oder über die Hofmarkstraße mit Blick auf die barocke Kirche St. Michael, vorbei an Maibaum und Kriegerdenkmal. Immer nähert man sich ihm entlang des Hachinger Bachs, der den Pfanzeltplatz der Länge nach durchfließt. Auf beiden Seiten ist er von großen Kastanienbäumen gesäumt und mit ausreichend Sitzbänken ausgestattet. Nicht nur an Fest-, Feier- und samstäglichen Markttagen begegnen sich hier Jung und Alt. Auch die benachbarte Grundschule und Geschäfte wie die in dritter Generation geführte Feinkost-Metzgerei Sedlmeir oder die Eisdiele Il Gelato Italiano lassen den Lebenspuls in heiteren Höhen schlagen. Aber das ist längst noch nicht alles, was der Pfanzeltplatz an Schönem, Gutem und Sinnlichem anzubieten hat. Da wäre auch noch unübersehbar der Geschichtsbrunnen zu nennen, nach einem Entwurf von Karl Oppenrieder, seines Zeichens Bildhauer und Steinmetz, als achteckiges Bassin mit achteckiger Säule und vierstrahligem Wasserspiel 1991 erbaut. Mehrere Reliefs stellen verschiedene Begebenheiten aus Perlachs Historie dar. Zu sehen sind etwa ein mittelalterliches Badehaus, das hier einmal gestanden haben soll, und Motive wie Ackerbau aus dem bäuerlichen Landleben Perlachs. Zudem berichten eingravierte Texte von weiteren Begebenheiten. Doch ist der Brunnen nicht nur eine Augenweide, das gesamte Ensemble und einige Anrainergebäude stehen unter Denkmalschutz. Man ist dort von einer behaglichen Atmosphäre umgeben, die man auf Schritt und Tritt spürt – Erstbesucher sofort, Einheimische immer wieder aufs Neue.

TIPP

Vom Pfanzeltplatz aus bachauf- oder -abwärts schlendern und im Perlacher Hof oder im Café einkehren.

- Geschichtsbrunnen, Pfanzeltplatz, 81737 München
- ÖPNV: Bus 55, 139, N45, Haltestelle Pfanzeltplatz; S 7, Haltestelle Bahnhof Perlach

KRIEG UND TERROR BRINGEN IMMER

Kieseliges Vergnügen

45

Der Flaucher in den Isarauen

Wer braucht schon einen Sandstrand, wenn es stattdessen Kiesbänke gibt? Am Flaucher sind sie reichlich zu finden. Für viele Einheimische ist der Flaucher sogar ein Synonym für Sommer, Sonne und Baden – und für Party-Grillmeile. Gefühlt halb München gönnt sich mitten in den Isarauen dieses Vergnügen, vor allem am Wochenende. Dort, wo sich der Stadtfluss von seiner etwas wilderen Seite zeigt und den Besucher rauschend daran erinnert, dass es sich bei ihm eigentlich um einen Gebirgsfluss handelt. Bei gelegentlich einsetzendem Hochwasser nach schweren Regengüssen ist das sehr nachdrücklich zu erleben. Doch so grenzenlos man sich in den Flaucheranlagen auch kieselig vergnügen kann, so limitiert sind sie in der Fläche. Sie ziehen sich von der Brudermühlbrücke (Teil des Mittleren Rings) am Tierpark Hellabrunn vorbei bis an die südliche Stadtgrenze. An der breitesten Stelle misst der Flaucher rund einen Kilometer. Überall schälen sich flache, hell schimmernde Schotterhügel wie Inseln aus dem Isarbett heraus. Bei schönem Wetter üben sie einen regelrechten Sog aus. Dann pilgern die Münchner schön frühmorgens zu Fuß oder mit dem Rad an den Flaucherstrand. Und im Handumdrehen nehmen die hellscheinenden Kiesel die bunten Farben von Handtüchern und Decken an, auf denen ausgestreckte Körper Sonne tanken. Wer nah am Wasser einen Platz erobert hat, kann gelegentlich sogar kreischende Möwen erleben und im klaren Wasser nach Fischen haschen. Besonders attraktive Plätzchen gibt es rund um den Flauchersteg, wo die Isar an der Wehrschleuse einen kleinen Wasserfall bildet. Dort kann man sich in den Flussrinnen und Wasserbecken wohltuend erfrischen. Und wer das Adams- und Evakostüm favorisiert, ist im ausgewiesenen FKK-Areal goldrichtig. Ein offenes Geheimnis sei noch verraten: Der Name Flaucher stammt vom Schankwirt Johann Flaucher, der 1870 am Isarstrand eine Gastwirtschaft „Zum Flaucher" eröffnete, die sich bei der Stadtbevölkerung sogleich sehr großer Beliebtheit erfreute.

TIPP

Der „Zum Flaucher Biergarten" lockt mit kühlen Getränken und bayerischen Schmankerln.

● Der Flaucher, Isarauen, 81379 München
● ÖPNV: U 3, Haltestelle Thalkirchen (Tierpark); Bus 52, Haltestelle Tierpark (Alemannenstraße)

Haidhauser Schönheit

46

Weißenburger Platz mit Glaspalastbrunnen

Die Anwohner vom Weißenburger Platz in Haidhausen werden oft beneidet. Denn viele, auch Nichthaidhauser, halten ihn für einen der schönsten Plätze der Stadt. Er liegt mitten im Franzosenviertel, in dem sich auch der Bordeaux-, Pariser- und Orleansplatz befinden. Angelegt in den 1870er-Jahren nach dem Vorbild französischer Städte: mit Straßen, die sternförmig auf Plätze zulaufen – und wieder kehrtmachen. Wer sich ihm vom Rosenheimer Platz aus über die gerade einmal zweihundert Meter lange Weißenburger Straße nähert – übrigens Münchens zweitälteste Fußgängerzone –, spürt sogleich sein besonderes Flair. Mit seinen wunderschönen reichen Blumenrabatten, mehrmals im Jahr von den Stadtgärtnern großzügig bepflanzt, ist der Weißenburger Platz immer wieder eine echte Augenweide, deren farbenfrohe Blütenpracht einfach Freude macht. Im Zentrum steht der meterhohe Glaspalastbrunnen mit seinen wassertriefenden, auf Säulen ruhenden Schalen. Entworfen 1853 vom Architekten August Voit für den Alten Botanischen Garten geschaffen, stand er dort zunächst viele Jahre direkt vor dem Glaspalast. Sein bei Tag ohnehin schon faszinierendes Wasserspiel lässt die Herzen der Betrachter bei einbrechender Dunkelheit noch höherschlagen. Dieser Effekt hat allerdings nichts mit magischem Zauber zu tun, sondern mit der eingebauten Beleuchtungsanlage. Die setzt den perlenden Wasserkranz des Brunnens so strahlend in Szene, das er alle Aufmerksamkeit auf sich lenkt. Das ist ganz großes Kino. Zudem rahmen zwei konzentrische Kreise aus alten Bäumen den Weißenburger Platz, unter deren Laubkronen mehrere Parkbänke auf ihre Gäste warten. Dahinter schmiegt sich ein Straßenring an die bauliche Kulisse hoher Stadthäuser, in denen sich Geschäfte des täglichen Bedarfs, Cafés und Restaurants mit Plätzen auf dem Bürgersteig befinden. Am besten man setzt sich auf eine der Bänke nahe dem Brunnen, lässt das Treiben auf dem Platz auf sich wirken und genießt die ganze Schönheit dieses speziellen Ortes.

TIPP

Anschließend einfach ziellos durchs charmante Franzosenviertel schlendern.

● Weißenburger Platz, 81667 München
● ÖPNV: S 1–S 4, S 6–S 8, Haltestelle Rosenheimer Platz; Tram 25, Haltestelle Rosenheimer Platz

Reif fürs Bilderbuch

47 Aussichtspunkt am Kabelsteg an der Isar

Ein besonders malerischer Ort im Stadtteil Lehel, der nicht einmal retuschiert werden müsste, um es in ein Glücksbilderbuch zu schaffen, liegt unweit des Kulturzentrums Muffathalle in Richtung Maximiliansbrücke. Schon hundert Meter bevor sich Isar und Auer Mühlbach nur durch einen schmalen Mauersteg getrennt so nah kommen, als wollten sie sich küssen, hat man ihn erreicht. Und er beeindruckt auf Anhieb. Selbst wer ihn nie zuvor sah, weiß bei seinem Anblick spontan, er ist angekommen, am richtigen Ort. Tages- und Jahreszeiten sind vollkommen egal, auch Wind und Wetter spielen keine Rolle, immer wieder aufs Neue entfesselt er eine geradezu unwiderstehliche Magie. Auch hätte dieses idyllische Plätzchen durchaus das Zeug, um in den Augen romantischer Maler zu einem Lieblingsmotiv zu avancieren.

So könnte die Bildkomposition aussehen: Rechts schwingt sich der schmale Kabelsteg in leichtem Bogen über die Kleine Isar zur Praterinsel hinüber. Die Laternen, deren Form an anno dazumal erinnert und deren Schein sich bei Nacht im Wasser spiegelt, kontrastieren die Jugendstilformen der Eisengeländer. Darunter strömt der Nebenarm seiner Wiedervereinigung mit der Großen Isar entgegen. Am Schotterstrand oder auf einer der Kieselinseln genießen Erholung Suchende ein ausgiebiges Sonnenbad. Hinter dem massiven Wehrsteg, über den mitunter gewaltige Wasserfälle schäumend in die Tiefe donnern, erhebt sich die imposante Kirche St. Lukas. Sie ist eines der Wahrzeichen Münchens und zudem äußerst fotogen. Wegen ihrer beeindruckenden 64 Meter hohen Vierungskuppel und der beiden Flankentürme wird sie auch „Münchner Dom der Protestanten" genannt. Gebaut zwischen 1893 und 1896, war sie nach St. Matthäus und St. Markus die dritte evangelisch-lutherische Pfarrkirche in München. Wie auch immer man es mit der Religion hält, die Architektur der Lukaskirche ist atemberaubend. Und vorm weiß-blauen Himmel leuchtet die Patina des Kirchendachs besonders grün. Ein solch romantisches Bild muss man einfach lieben.

TIPP

Richtung Müller'sches Volksbad liegt in einmaliger Lage an der Isar der Biergarten am Muffatwerk.

● Kabelsteg, Zellstraße, 81667 München

● ÖPNV: Straßenbahn Linie 16, Haltestelle Deutsches Museum oder „Am Gasteig"; StadtBus 132, Haltestelle Ludwigsbrücke; S 1–S 4, S 6–S 8, Haltestelle Isartor

Alpinum voraus

48

Großer Teich im Botanischen Garten Nymphenburg

Jedes Jahr zur Blütezeit verwandelt sich der Botanische Garten in Nymphenburg in ein buntes Farbenmeer. Die blumigen Schaumkronen erscheinen dann längst nicht nur in klassischem Weiß, vielmehr leuchten ihre Wellenkämme abwechselnd gelb, rot, auch orange und blau. Besonders prächtig präsentiert sich in diesen Phasen der von Trockenmauern gerahmte Schmuckhof zu Füßen des Botanischen Instituts. Tausende Frühblüher, darunter Veilchen, Vergißmeinnicht und Gänseblümchen, zelebrieren hier das Frühlingserwachen, dicht gefolgt von Schönheiten wie Tulpen, Narzissen und Hyazinthen. Und mittendrin ein Zierteich voller Seerosen. Geht man am Gebäude und dann den schnurgerade verlaufenden Weg entlang, gelangt man in die Arktis; das Zentrum dieses etwas abseits liegenden Bereichs bildet ein kleiner kühler Teich. Sein Ufer, von groben Natursteinen markiert, ist von Farnen und Sträuchern bewachsen. Auf wenigen Parkbänken findet man Entspannung und auch Ruhe, denn nur ein Bruchteil der jährlich 350.000 Besucher verläuft sich hierher, wo es schattiger zugeht als im Rest des Botanischen Gartens. Nur einen Katzensprung weiter befindet sich der Große Teich, ein wahres Paradies für Mensch, Tier und Pflanzen. Dort kann man verschiedene Wasservögel live und in Farbe erleben, mitunter gesellen sich auch tanzende Libellen dazu, die ihre zwei Flügelpaare im Sonnenlicht schwirren lassen. Und zwischen April und Juni, wenn die Paarungszeit der Frösche ansteht, geht dort ein hörenswertes Quakkonzert über die natürliche Open-Air-Bühne – quasi als kostenlose Zugabe. Und gleich vis-à-vis wirft sich das Alpinum hügelig in die Höhe, ein naturnaher Raum, der es wirklich in sich hat. Über 2000 Pflanzen aus alpinen und mediterranen Gefilden geben sich auf einer der artenreichsten Anlagen in Deutschland ein einmaliges Stelldichein. Und zur Hauptblüte (Mai–Juni) zeigt sich diese Landschaft so stimmungsvoll, dass man am liebsten aus reinem Übermut in den großen Teich hüpfen möchte. Das allerdings ist streng verboten!

TIPP

Der Shop im Hauptgebäude am Eingang bietet auch Bücher und nette Accessoires rund ums Thema Pflanzen.

● Botanischer Garten, Menzinger Straße 65, 80638 München, www.botmuc.de
● ÖPNV: Tram 17, Bus 145 und 180, Haltestelle Botanischer Garten

Nackter Po

49 Fischbuberl-Brunnen am Wiener Platz

Auf dem Wiener Platz in Haidhausen, wo einst die sogenannten kleinen Leute mit wenig Geld wohnten, geht es heute deutlich wohlhabender zu. Statt Handwerkern findet man jetzt dort Boutiquen, Cafés und viele Büros. Und statt Blaumännern, die sich am Standl eine Stockwurst (dicker und würziger als Weißwürste) gönnen, trifft man nun eher smarte Latte-Macchiato-Genießer an. Der Wiener Platz ist ein Platz der Gegensätze: Die versammelten Büdchen am Maibaum bilden den kleinsten Markt der Stadt, der immer Markttag hat, während nebenan der zum Hofbräukeller gehörige Biergarten am Wiener Platz, einer der größten in München, einlädt. Dagegen nimmt sich der Fischbuberl-Brunnen, der ursprünglich am Viktualienmarkt stand, wo er der neuen Schrannenhalle weichen musste, geradezu bescheiden aus. Dafür schaut der nackte Bub mit Hut umso spitzbübischer drein. Er steht auf einer Kugel samt Wasserlauf in einem Bassin, trägt stolz zwei Fische unterm Arm – einen links, einen rechts –, einen weiteren zwischen seinen Füßen. So weit, so gut – könnte man meinen. Wäre da nicht der Allerwerteste des Knaben, der vor einigen Jahren für so manchen Ärger sorgte. Zunächst murrten die Standlhändler auf, weil ihnen der zugewandte nackte Podex nicht passte. Also wurde das Buberl vom Baureferat neu justiert, worauf sich wiederum der ein oder andere Flaneur brüskiert fühlte, weil besagtes Hinterteil ausgerechnet ihn auf seinem Weg übern Wiener Platz ganz unverhohlen anstrahlte. Die kritische Po-Lage ist zwar längst befriedet, offen bleibt indes die entscheidende Frage: Hatte der Bildhauer Ignatius Taschner den späteren Eklat womöglich schon 1910 bei der Schaffung der Figur im Sinn? Hat er sich dabei gar köstlich amüsiert? So abwegig ist der Gedanke nicht! Taschner war zu jener Zeit mit Ludwig Thoma („Lausbubengeschichten") befreundet, der für die satirische Wochenzeitschrift Simplicissimus kuriose Alltagsgeschichten schrieb. Wie auch immer: Wer heute vorm Fischbuberl steht, hat sicher seine helle Freude.

TIPP

Unbedingt bei Imbiss Niedermeier die leckere Stockwurst probieren, die dicke Schwester der Weißwurst.

- Fischbuberl-Brunnen am Wiener Platz, Wiener Platz 9, 81667 München
- ÖPNV: Bus 52, 54, 55, 62, 132, 155, Haltestelle Wiener Platz; Tram 19, 21, 25, 37, Haltestelle Wiener Platz; U 5, Haltestelle Max-Weber-Platz

Vier Höfe mit Sterneküche

50

Amalienpassage in der Maxvorstadt

In der heutigen Amalienpassage in der Maxvorstadt wirkte einst Rainer Werner Fassbinder. Von 1968 bis 1972 leitete er dort das „Schwabinger Experimentaltheater", mit dem er das damalige Theater und die Gesellschaft schonungslos provozierte, mehr noch: schockierte. Im Vergleich dazu geht es in der gegenwärtigen Ladenpassage, mit einem Gemisch aus Gewerbe und Wohnen, eher beschaulich zu, obwohl sie immer noch viel zu bieten hat. Die Passage besteht aus vier unterschiedlich gestalteten und versetzt liegenden Höfen (Amalienhof, Amalienhof Süd, Adalberthof und Türkenhof), die durch überdachte Durchgänge miteinander verbunden sind und in denen sich vier verschiedene Brunnen befinden. Der schönste davon, ein Kugelbrunnen im gewölbten Rondell aus blauen Mosaiksteinen, steht auf der Sonnenterrasse des Ristorante „Bei Mario", dessen Besitzer in den 1960er-Jahren die Pizza nach München gebracht haben will. Jeder Hof hat einen individuellen Charakter, der sich aus dem reizvollen Zusammenspiel von Architektur und Kunst ergibt. Der Adalberthof etwa präsentiert sich mit einem dreigliedrigen Löwenbrunnen, antiken Skulpturen und unverputzter Backsteinmauer als historischer Raum, während der Türkenhof eine gelungene Mixtur aus alter und moderner Baukunst verkörpert. Allein die farbigen Fenster- und Türrahmen, sie changieren von dunkelblau und taubenblau über violett zu gelb, sind ein sinnliches Fest für die Augen. Am besten man lässt sich bei Sonnenschein auf einem der Plätze von Mary's Coffee Club oder vorm Kuchenkiosk nieder, um inmitten des Topfpflanzendschungels unter Girlanden den Charme dieses Ortes zu genießen. Um den Augenschmaus auch kulinarisch zu vollenden, bietet sich gleich nebenan in der Passage das hübsche kleine Sparkling Bistro mit seiner ausgezeichneten Sterneküche (Guide Michelin) an. Dort sitzt man schön entspannt und isst in angenehmer Atmosphäre einfach vorzüglich.

TIPP

Das Traditionslokal „Alter Simpl" (Türkenstraße 57), dessen einstiger Stammgast Franz Wedekind war.

● Amalienpassage, Türkenstraße 84-88 und Amalienstraße 87–89, 80799 München
● ÖPNV: Buslinie 153 und 154, Haltestelle Türkenstraße; U 3 und U 6, Haltestelle Universität; Tram 27, Haltestelle Schellingstraße

Elegante Wellenreiter

51 Eisbachwelle am Haus der Kunst

Dieser Glücksort ist eine echte Attraktion, weil es sie so häufig nicht gibt. Sie rauscht und tost, schäumt blendend weiß, schimmert in blauen Tönen und verströmt eisige Kälte: die Eisbachwelle, auch als Surferwelle bekannt. Ihre genaue Lage am südlichen Rand des Englischen Gartens verrät die mal größer, mal kleinere Menschentraube, die sich auf der Eisbachbrücke häufig bildet. Gleich neben dem Haus der Kunst, das zweifellos zu den weltweit führenden Zentren für zeitgenössische Kunst zählt, befindet sich die Austrittsstelle des temporeich strömenden Eisbachs. Darin verborgen liegt eine unsichtbare Steinstufe, die für die berühmte Eisbachwelle sorgt: eine etwa halbmeterhohe stehende Dauerwelle. Sie bietet die spektakuläre Bühne für die Surfer, denen man bei geeignetem Wetter von der Brücke aus bei ihrem waghalsigen Ritt auf der Wasserwalze – aus sicherer trockener Entfernung mit staunenden Augen – zuschauen kann. Das passende Motiv für selfieverliebte Instagrammer, aber ebenso für echte Fotografen liefert die Eisbachwelle auch. Bis der Vorhang der herabsinkenden Nacht dem Brettertreiben für einige Stunden Einhalt geboten. Bereits am nächsten Morgen beginnt das Spiel aufs Neue. Schon strömen wieder die mutigen Wellenreiter aus allen Richtungen und aus aller Herren Länder herbei. Das Surfbrett unterm Arm, längs des Fahrrads eingehängt oder auf dem Autodach verseilt. In meist schwarzen Neoprenanzügen reihen sie sich dann auf der rechten und linken Ufermauer in die Schlange der Surfer ein. Nacheinander fliegt erst das Board aufs Wasser, dann folgt der Reiter und sofort beginnt der wilde Wellentanz, einem furiosen Rodeo ähnlich: Die Akteure steigen auf, federn ab, die Arme balancieren wie beim Hochseilakt, den sie mit einem Sprung ins Wasser beenden. Dabei verfolgen die zahlreichen Beobachter jede Bewegung der Surfer. Fast so, als würden sie selbst die Welle reiten. Dementsprechend fließen die Glückshormone und verbreiten viel Aufregung und eine fröhliche Stimmung.

TIPP

Die „Goldene Bar" an der Rückseite vom Haus der Kunst (Prinzregentenstraße 1) ist einen Besuch wert.

- Eisbachwelle, Prinzregentenstraße, 80538 München
- ÖPNV: Bus 100, Haltestelle Königinstraße; U 4 und U 5, Haltestelle Lehel

Bollerwagen ins Blaue

52

Floßlände-Picknick in Thalkirchen

Alles Glück dieser Erde liegt auf dem Rücken der Pferde. Das bekannte Sprichwort hört sich zwar gut an, stimmt allerdings nicht immer. Glück ist nämlich durchaus auch in einem Bollerwagen zu haben. Zwei Achsen, vier Räder, eine Ladefläche samt Sprossengeländer und eine Deichselstange mit Griff sind für das Gefährt vonnöten. Dazu noch einige schmackhafte Zutaten, allesamt mit 48-stündiger Voranmeldung in der Villa Floßlände buchbar, und schon ist alles für das Picknick-Glück vorbereitet. Zur Grundausstattung zählen neben dem Bollerwagen noch Stühle, Sonnenschirm und passendes Geschirr. Zwischen sieben Angeboten kann man sich entscheiden, darunter die Romantik-, Veggie-, Mädels- und Breakfast-Variante. Entsprechend bunt ist der Picknick-Korb gefüllt – mal mit Bier, Prosecco oder Wein, mal mit Matjesfilet, Frischkäsesorten, Honigmelone mit Parmaschinken oder Wraps mit Räucherlachs und vieles mehr. Für jeden Geschmack findet sich das passende Tischlein-deck-dich im Freien. Hat man seine Wahl getroffen und bestellt, begibt man sich zum Abholen an die Villa Floßlände, ein Restaurant mit großem Biergarten. Das um 1870/75 entstandene Neorenaissance-Gebäude an der Zentralländstraße mit den zwei vieleckigen Ecktürmen ist nicht zu übersehen. Zwischen Mühlbach und Isarwerkkanal ruht es in vortrefflicher Lage. Dort holt man, wie vereinbart, sein Floßlände-Picknick ab und rollt dann damit ins Blaue, besser gesagt: ins Grüne ans Blaue. Hat man schließlich sein idyllisches Plätzchen gefunden, lässt man sich nieder, um sich landschaftlich und kulinarisch, vor allem aber in aller Ruhe verwöhnen zu lassen. Ob man dies alles nun an den begrünten Gestaden des Mühlbachs, entlang des nahen Isarwerkkanals oder an der Floßlände genannten Anlegestelle für Flöße genießt, bleibt jedem selbst überlassen. Besonders liebreizende Flecken findet man indes ein kleines Stückchen weiter am endlos scheinenden Isarstrand mit seinen von Büschen und Sträuchern gesäumten Kiesbänken.

TIPP

Als Picknick-Finale noch ein Longdrink an der Cocktailbar auf der Isarterrasse von Villa Floßlände.

- Villa Floßlände, Zentralländstraße 30, 81379 München, Tel. (01 76) 64 12 79 56 www.villa-flosslaende.com
- ÖPNV: U 3 und StadtBus 135, Haltestelle Thalkirchen-Tierpark; StadtBus 134, Haltestelle Rupert-Mayer-Straße; StadtBus 135, Haltestelle Bad Maria Einsiedel oder Floßlände

Villa Floßlände
Restaurant & Events
Floßlände - Picknick

Schwabings Belle Époque

53

Wedekindbrunnen am Wedekindplatz

„Seltsam sind des Glückes Launen, wie kein Hirn sie noch ersann, dass ich meist vor lauter Staunen, lachen nicht noch weinen kann." Diese Zeilen von Frank Wedekind sind als Inschrift auf dem nach ihm benannten Brunnen zu lesen, der seit 1959 im Herzen Schwabings unter herrlichen alten Bäumen steht. Der Bildhauer Ferdinand Filler hat ihn aus Muschelkalkstein gehauen und dem Dichter, Schauspieler, Kabarettisten und Journalisten gewidmet. Er bildet das Zentrum des beschaulichen Wedekindplatzes an der Feilitzschstraße, an dem sich Sieges-, Markt- und Occamstraße treffen. Um die Jahrhundertwende, als es Künstler und Bohemiens aus aller Welt nach Schwabing zog, war Wedekind hier eine Berühmtheit. Ein Café, ein Salon, eine Theaterbühne trugen seinen Namen. Selbst Einladungskarten schmückten sein Porträt mit Zwicker auf der Nase und Gitarre in der Hand. Geliebt und gefürchtet für seine spitze Zunge, die ihm sogar wegen Majestätsbeleidigung fünf Monate Gefängnis bescherte. Aus dem Wasserbassin ragt ein schmaler Sockel empor. Darauf sitzt eine weibliche Muse mit langem Haar, an ihrer Seite eine Leier und an der Stirn eine Hand, als könne sie die bürgerliche Scheinheiligkeit und Prüderie vor ihren Augen nicht mehr ertragen. Wer, auf dem Beckenrand ruhend, gedanklich durch das Künstlerviertel um 1900 schlendert, wird schmunzeln müssen: Da waren auf der einen Seite die zahlreichen Künstler, deren provokantes Auftreten bestimmt Stadtgespräch war, auf der anderen die bigotten Kleinbürger, die in ihren Konventionen gefangen waren. Aus dieser Gemengelage entstanden all die Geschichten, Mythen und Legenden, die bis heute mit Schwabing und München verbunden sind. Vor allem daran erinnert der Wedekindbrunnen. Und der befindet sich nach wie vor in bester Gesellschaft: Kleinkunst, Kabarett und Comedy sind in der Nachbarschaft im Lustspielhaus und Vereinsheim zu Hause. Das letzte Wort hat der Dichter: „Aber freilich steht auf festen Füßen selbst der Himmel kaum, drum schlägt auch der Mensch, am besten täglich, seinen Purzelbaum."

TIPP

Im Occam Deli, Lokal und Feinkostladen, kann man mit Blick auf den Brunnen wunderbar frühstücken.

- Wedekindplatz, Feilitzschstraße, 80802 München
- ÖPNV: U 3 und U 6 sowie Tram 23 und Bus 53, 59 und N44, Haltestelle Münchner Freiheit

GLUCKES LAUNEN
WIE KEIN HIRN
TOI
TOI

Auf zum Naturkonzert

54 Sitzbank mit Seeblick im Ostpark

In unmittelbarer Nachbarschaft des größten westdeutschen Siedlungsprojekts der Nachkriegszeit, Neuperlach, befindet sich der 1973 entstandene Ostpark. Das 56 Hektar große Refugium lockt mit weitläufigen Liegewiesen, baumreichen Hügeln und herrlich verschlungenen Wegen, auf denen man den Ostparksee umwandern kann. Mit einem Skatepark, der Freilichtbühne Theatron, einem Eisstadion mit 400-Meter-Bahn, mit Sport-, Spiel- und Grillplätzen bietet die städtische Grünanlage alles, was eine abwechslungsreiche Freizeitgestaltung und Naherholung braucht. Das angrenzende „Michi" genannte Michaelibad mit Frei-, Sprung-, Rutschen- und Hallenbecken sowie der Michaeligarten, ein Restaurant mit Biergarten in Seelage, runden das vielseitige Parkangebot stimmig ab. Obwohl der Ostpark nicht nur in Münchens Südosten bestens bekannt ist, geht es in ihm deutlich ruhiger zu als in den vergleichbaren Anlagen im Stadtinneren. Mühelos findet hier jeder Besucher ein Ruheplätzchen. Zum ungestörten Seelebaumeln bietet sich schon eine schlichte, von Bäumen beschirmte Parkbank auf Höhe des Skateparks an. Sie befindet sich zwischen Fußweg und Wasserschleife des Sees, rund achtzig Meter vor der Brücke, die auf die Insel führt. Von einem Paravent aus Wassertanne, Winterlinde, Hainbuche und amerikanischer Weißeiche, eingriffeligem Weißdorn, gewöhnlichem Liguster und blutrotem Hartriegel geschützt, fühlt man sich hier auf natürliche Weise geborgen. Die schmale Sichtachse öffnet sich über eine Wiese hinweg zum Seearm, in dessen Wasser spiegeln sich eine Baumgruppe und der wolkenfreie Himmel, während die glatte Oberfläche die unendlich reichen grünen und blauen Töne reflektiert. Mittendrin wärmt ein Blässhuhn seine Nachkommen in einem runden Nest, das wie ein dicker Ring aus Ästen erhaben auf dem Wasser ruht. Majestätisch schwimmen zwei Schwäne vorbei. Über allem schwebt ein vielstimmiges Konzert aus verschiedenen Vogelstimmen, wobei die Solisten gar nicht zu sehen, wohl aber zu erahnen sind.

TIPP

Eine Plattform gewährt bei freier Sicht den Blick aufs Alpenpanorama und Neuperlachs Skyline.

- Ostpark, Feichtstraße 19, 81735 München
- ÖPNV: U 5, U 7, U 8, Haltestelle Michaelibad; Bus 195, Haltestelle Michaelibad

Rooftop-Glück

55

„Frau im Mond" auf der Museumsinsel

Wer dem Deutschen Museum aufs Dach steigt, wird seit Juli 2022 mit einem grandiosen Erlebnis belohnt – und das gleich in mehrfacher Hinsicht. Allein der Aufstieg ist spektakulär, denn kaum lässt man den Eingang unweit der Corneliusbrücke hinter sich, führt der barrierefreie Weg am Seenotrettungskreuzer Theodor Heuss vorbei, der einst seinen Dienst auf Nord- und Ostsee versah. Anschließend gleitet man im Aufzug angenehm leise in die Höhe, um oben auf der Dachterrasse des Deutschen Museums von der „Frau im Mond" begrüßt zu werden. Die Rooftop-Location nimmt den Besucher mit einer gastronomischen Kombination aus Bar, Café und Restaurant ganzjährig in Empfang. Ihre Türen sind täglich von 9 bis 23 Uhr, freitags und samstags von 9 bis 1 Uhr geöffnet, nur zwischen 17 bis 18 Uhr wird pausiert, genauso an den Weihnachtstagen. Unter freiem Himmel liegen dem Gast sagenhafte 600 Quadratmeter Außenfläche buchstäblich zu Füßen. Der Innenbereich fügt auf 200 Quadratmeter noch einmal 300 Sitzplätze hinzu. Der Rooftopper beschenkt seine Gäste mit einer weiten Sicht Richtung Süden über drei Isarbrücken hinweg: Wittelsbacher, Reichenbach und Cornelius. Diesen Blick kann man quasi rund um die Uhr, zum ausgewogenen Frühstück, Mittagstisch oder Abendessen genießen – on top sozusagen. Bei diesem reichen kulinarischen Angebot wird einfach jeder fündig, klassische Esser ebenso wie Veganer. Das Beste: Die blaue Stunde kann man sich hier mit traditioneller English-Tea-Time samt Scones und Petit Fours schmackhaft versüßen. Selbstverständlich kommt keine Rooftop-Bar ohne coole und kühle Drinks aus, empfohlen sei der Aperitif „To The Moon", eine leicht prickelnde Kreation aus Holundersirup, Moët Chandon Brut Rosé, Soda und Minze. Und dann das Glas auf die herrliche Isar, seine entzückenden Brücken und den glücklichen Augenblick des Lebens erheben. Ab 18 Uhr wird die stimmungsvolle Szene zusätzlich von loungigen DJ-Klängen untermalt. Kann es Schöneres unterm blauen Himmelszelt geben?

TIPP

Wenn man schon mal da ist, sollte man dem Deutschen Museum unbedingt einen Besuch abstatten.

- Frau im Mond, Museumsinsel 1, 80538 München, Tel. (0 89) 89 05 84 57 https://fraiummond.bar
- ÖPNV: Tram 16, Haltestelle Isartor; Tram 18, Haltestelle Fraunhoferstraße; Bus 132, Haltestelle Boschbrücke; Bus 52 und 62, Haltestelle Baaderstraße; U 1 und U 2, Haltestelle Fraunhoferstraße

Beliebtes Badedreieck

56

Langwieder Seenplatte im Nordwesten Münchens

Zwischen Biotopen, scheinbar endlosen Liegewiesen und mehreren Grillzonen befindet sich in Münchens westlichstem Stadtbezirk Aubing-Lochhausen-Langwied eine ausgedehnte Seenplatte mit vielen Bade- und Freizeitmöglichkeiten. Das Trio aus Langwieder See, Lußsee und Birkensee zählt fraglos zu den beliebtesten Naherholungsgebieten der Münchner. Die einzelnen Gewässer liegen so nahe beieinander, dass Badefreunde buchstäblich die Qual der Wahl haben. Vor allem an sommerlichen Bade- und Ferientagen und am Wochenende steht das Dreiergespann hoch im Kurs, werktags geht es schon mal etwas ruhiger zu. Sonnenanbeter und Schwimmer, die sich ihren Lieblingsplatz sichern wollen, müssen früh aufstehen. Denn je höher die Sonne am Himmel steht, desto bunter präsentiert sich der saftig-grüne Rasen in Handtuchfarben – vor allem in Ufernähe. Hier und da recken sich aufgespannte Sonnenschirme wie Pilze in die Höhe, während unter ihren roten, gelben und orangen Hüten sich leicht bläulich-lila wirkende Schatten ausbreiten. Wer kein Fan des Wild-side-of-life ist, sucht sich einfach ein stilleres Plätzchen. In der Nähe der Landenge etwa, wo sich die Gestade von Langwieder See und Lußsee beinahe berühren, finden sich kleinere, von Bäumen und Sträuchern umstandene Wiesen, auf denen sich deutlich entspannter lagern lässt. Hier, abseits des quirligen Badetrubels kann man entspannt den Gedanken freien Lauf lassen. Vielleicht wandert der Blick übers wellenlose Wasser, in dem sich fantasieanregende Wolkengebilde spiegeln. Fasziniert folgt man dem Schauspiel – für Sekunden, Minuten oder länger. Wenn die Zeit nicht drängt, kann man sie gewähren lassen. Man fühlt sich gestärkt für den nächsten Tag oder den nächsten Sprung in den Lußsee, den benachbarten Langwieder See oder in den 200 Meter nördlich gelegenen Birkensee, der auch ein Eldorado für FKK-Fans ist. Letzterer ist übrigens für passionierte Social-Media-Fotografen eine Tabuzone, aber das sollte sich eigentlich von selbst verstehen.

TIPP

Im Restaurant Langwieder See mit sehr schöner Sonnenterrasse den Badetag ausklingen lassen.

● Langwieder See, Goteboldstraße 189, 81249 München

● ÖPNV: S 3 und S 4, Haltestelle Lochhausen; von Anfang Juni bis Mitte September verkehrt zwischen S-Bahnhof Lochhausen und Langwieder See ein Badebus im 20-Minuten-Takt, von 11–19 Uhr

Kosmische Meditation

57

Japanischer Garten im Westpark

Warum in die Ferne schweifen, wenn das Wunschziel liegt so nah? Ein asiatisch anmutender Glücksort der Stille findet sich in der Weitläufigkeit des Sendlinger Westparks. Die blaue Oase ist bestens ausgeschildert, man kann sie also kaum verfehlen. Mit ihren 2100 Quadratmetern misst sie gerade einmal ein Drittel eines Fußballfelds – und enthält wohl gerade deshalb so viel konzentrierte Energie. Hier können die Besucher Kraft tanken, entspannen und sich meditierend mit der Natur verbinden. Nichts scheint die gewonnene innere Ruhe zu stören. Natürlich darf in einem japanischen Garten auch das Element Wasser nicht fehlen, davon gibt es reichlich in ruhender und fließender Form. In asiatischen Gefilden gilt es als beruhigend, kraftspendend und den Blick weitend. Auf der einen Seite führt ein schmaler hölzerner Steg, auf beiden Seiten von einem rotfarbenen Laternenhäuschen flankiert – schwarz bedacht mit Sprossenfenstern –, zu einer quadratischen Wasserbühne hinüber, die den Kosmos symbolisiert. Dort angekommen, befindet man sich im Zentrum der Anlage, um das sich alles dreht. Die niedrige Umfriedung bietet einen Sitzplatz, von dem aus man die anmutige Kulisse auf sich wirken lassen kann. Hier ist alles aus einem Guss, kein überflüssiges Beiwerk, die perfekte Harmonie inmitten eines spiegelglatten Sees. Auf der gegenüberliegenden Seite wartet der Teegarten mit einem Holzpavillon und einer darin umlaufenden Sitzbank. An seiner Seite plätschern schmale Bäche, ein kleiner Wasserfall rollt gleichmäßig über massive Felsen, die an eine japanische Gebirgslandschaft erinnern sollen. Über kurze verwinkelte Stege und ein paar Steine kann man sich seinem Ziel trockenen Fußes nähern. Der japanische Garten ist übrigens ein Geschenk von Münchens Partnerstadt Sapporo, wo dieselbe Anlage im Yurigahara-Park zu bewundern ist. Wer mehr über asiatische Gärten erfahren will, kann dies im benachbarten chinesischen „Garten von Duft und Pracht“ tun. Man betritt ihn durch die Pforte des Frühlings.

TIPP

Freunde des Steckerlfischs kommen am Stand beim Wirtshaus am Rosengarten auf ihre Kosten.

- Japanischer Garten im Westpark, 81373 München
- ÖPNV: Tram 18, Haltestelle Stegener Weg; U 6, Haltestelle Westpark

Baden wie anno dazumal

58 Müller'sches Volksbad an der Ludwigsbrücke

Wer sich nach einem stilvollen nostalgischen Bad mit hohem Wohlfühleffekt sehnt, ist im Müller'schen Volksbad goldrichtig. Zwischen Isar und Auer Mühlbach an der Ludwigsbrücke gelegen, in unmittelbarer Nachbarschaft des Kulturzentrums Gasteig und des Deutschen Museums. Mit seiner leuchtend gelben Fassade tastet sich das imposante Gebäude, aus dem sich ein weißer Uhrenturm erhebt, bis an den Rand der Kleinen Isar heran. Der prachtvolle Jugendstilbau wurde 1901 als erstes Hallenbad der Stadt eröffnet, es lädt mit einem größeren Herren- und einem kleineren Damenbecken zum ausgelassenen Badevergnügen ein – das eine Becken misst 31 mal 12, das andere 18 mal 11 Meter. Bis heute zählt das Volksbad zu den schönsten Badehäusern Europas. An der strengen Geschlechtertrennung hielt man übrigens bis 1989 fest, seither ist nur noch von den zwei Schwimmhallen die Rede. Eine kleine Reminiszenz an diese längst vergangenen Tage mag der Frauenbadetag in der kleinen Halle sein, der immer dienstags zwischen 15 und 20 Uhr stattfindet. Unverändert präsentieren sich die liebevoll gepflegten verspielten Ornamente und eindrucksvollen Wandmalereien, die das denkmalgeschützte Volksbad seit Anbeginn reichlich schmücken und seine Badegäste zu allen Zeiten beglücken. Brüstungen, ob aus Holz oder Metall, sind mit rankenden Blumen, Blättern und Zweigen verziert. Es finden sich Bronzestatuen, Wasserspeier und dekorierte Uhren, aber vor allem Stuck, Stuck und nochmals Stuck. Kurzum, ein selten schönes Jugendstiljuwel. Darüber hinaus erwarten den Besucher ein römisch-irisches Schwitzbad mit unterschiedlich temperierten Räumen und ein Freilufthof, ein Dampfbad mit Kaskadenbrunnen, eine finnische Sauna sowie Kalt- und Warmwasserbecken. Von den ursprünglich 86 Wannenbädern im Untergeschoss blieb eines erhalten und wurde durch ein neues, deutlich kleineres Wannen- und Brausebad ergänzt. Während der kalten Jahrezeit finden spezielle Sauna-Events statt, über die das Bad auf seiner Website informiert.

TIPP

Jeden letzten Freitag im Monat finden nach Anmeldung Führungen statt, Gebühr 5 Euro.

- Müller'sches Volksbad, Rosenheimer Straße 1, 81667 München,
- ÖPNV: Tram 17, Haltestelle Deutsches Museum; StadtBus 132, Haltestelle Ludwigsbrücke; S 1–S 4, S 6–S 8, Haltestelle Isartor

Zauberhafte Stimmung

59 Neptunbrunnen im Alten Botanischen Garten

Wenn die Sonne knapp unter den Horizont sinkt, wird die Welt in ein unvergleichlich blaues Licht getaucht. Das Himmelsblau ist in den Morgen- und Abendstunden ein intensiveres als am Tag – eine durch und durch poetische Stimmung, die man am Neptunbrunnen im Alten Botanischen Garten besonders eindrücklich miterleben kann. In unmittelbarer Nachbarschaft zum Karlsplatz (Stachus) und dem Prachtbau des Justizpalasts gelegen, inmitten der blumenreichen Grünanlage empfängt den Flaneur ein außergewöhnliches Wasserspiel auf einem 30 Meter langen und 15 Meter breiten Becken. Neptun, der römische Meeresgott steigt mit kraftstrotzendem Sixpack-Bauch aus dem Bassin auf wie aus den Tiefen des Meeres. Bewehrt mit seinem Dreizack, mit dem er Seen, Flüsse und Meere beherrscht, ihm zur Seite zwei niedere, wasserspeiende Götter. Zudem wallt vor der gewaltigen Brust des aus der Tiefe auftauchenden Pferdes eine kräftige rhythmische Fontäne auf. Die imposante Erscheinung des Neptunbrunnens, die den Betrachter schon tagsüber in ihren Bann zieht, entfaltet zur Blauen Stunde einen geradezu unwiderstehlichen Zauber. Bei Nacht wird der Brunnen durch Spotlights zum Leuchten gebracht, ein unvergesslicher Anblick. Kein Wunder, dass sich hier, vor allem bei sommerlichen Temperaturen, viele Besucher einfinden, um das einmalige Schauspiel und die erfrischende Abkühlung zu genießen. Am besten lässt sich der Brunnen vom Beckenrand aus und mit den Füßen im Wasser erkunden. In aller Ruhe entdeckt man dann die vielen Details der mythischen Figur, von der über die Schulter drapierten Tunika bis zur Muschel vorm Mund der Nebenfigur – und plötzlich ist der Trubel der Großstadt vergessen. Wenige Meter abseits des Brunnens an der sehr belebten Straßenkreuzung beim Stachus steht das, von dicht belaubten Bäumen fast verborgen, einzige noch erhaltene Gebäude des Alten Botanischen Gartens: das ehemalige Eingangsportal. Der Durchgang, von vier massiven Säulen gestützt, gewährt einen Blick auf ein Wahrzeichen Münchens, die beiden Türme der Frauenkirche.

TIPP

Neben dem Brunnen, hinter Bäumen versteckt, befindet sich der Kunstpavillon.

- Neptunbrunnen im Alten Botanischen Garten, Elisenstraße, 80333 München
- ÖPNV: U 4 und U 5, Tram 16, 17, 18, 20 und 21, Haltestelle Karlsplatz (Stachus)

Schwerelos übers Eis

60

Eislaufen auf dem Nymphenburger Kanal

Schlittschuhlaufen könnte eine entfernte Verwandte des Fliegens sein. Man gleitet in geschnürten Schuhen auf wendigen Kufen dahin. Der Läufer hebt zwar nicht ab – sein eigenes Gewicht hält ihn am Boden und drückt eine feine Rille ins Eis, die ein Wegrutschen verhindert –, nimmt aber durch wechselndes Abstoßen kräftig an Fahrt auf. Bis er über den gefrorenen Untergrund wie durch einen Windkanal flitzt, die Kleidung beginnt im Luftzug zu flattern, allmählich stellt sich ein Gefühl von Schwerelosigkeit ein. Diese große Leichtigkeit lässt einen unwillkürlich lächeln, alles rauscht an einem vorbei, auch alltägliche Sorgen, ja, man kann sie im Fahrtwind sogar den Rücken runterrutschen lassen! Dieses tiefgreifende Wonnegefühl ist zwar auch ganzjährig zu haben, im Eisstadion, es reicht aber längst nicht an das Ausmaß an Glücksempfinden heran, das man unter freiem und blauem Himmel im Winter auf dem Nymphenburger Kanal mit allen Sinnen erleben kann. Sobald die Tages- und Nachttemperaturen dauerhaft und deutlich ins Minus fallen und sich das Wasser der Würm, das den Kanal der Schlossanlage speist, in eine so dicke Eisschicht verwandelt, dass sie trägt, ist es endlich so weit. Dann gibt die Stadt München unter anderem die Flächen rund ums Schloss Nymphenburg für verschiedene Freizeitaktivitäten frei. Wie aus dem Nichts tauchen sie dann plötzlich auf, die Schlittschuhläufer und -tänzer, die Eisstockschießer und Eishockeyspieler. Vor allem an strahlenden Tagen, wenn das gefrorene Nass im hellen Sonnenlicht bläulich glitzert, kommen sie trotz knarzender Kälte in Scharen und ziehen emsig ihre Kreise zwischen Gerner Brücke und Hubertusstraße. Auf dem Schlossrondell wie am Hubertusbrunnen. Wer es lieber etwas ruhiger mag, kann seine Eisbahnen auch auf dem parkseitig gelegenen Mittelkanal ziehen. Zwischendurch gönnt man sich – hier wie dort – ein Päuschen, zückt die Thermoskanne und genießt die wohltuende Wärme eines aromatischen Tees – und den Tag im Winterwunderland.

TIPP

Ein Spaziergang im Schlosspark ist immer wunderschön, im verschneiten Winter aber besonders zauberhaft.

● Nymphenburger Kanal, Nördliche oder Südliche Auffahrtsallee, 80637 München
● ÖPNV: Tram 17 und N17 sowie Bus 51, 151 und N87, Haltestelle Schloss Nymphenburg

Luxuriöse Poolpartys

61 Badenburg im Nymphenburger Schlosspark

Dass man im Badenburger See nicht baden darf, wird dem Besucher spätestens klar, wenn er die Gestade des 1807 vollendeten Gewässers mit den entsprechenden Hinweisschildern erreicht. Dafür war der größere der beiden Seen im Nymphenburger Schlosspark aber auch wirklich nie gedacht. Abgesehen davon lehnten die feineren Kreise jener Epoche das öffentliche Planschen unter freiem Himmel kategorisch ab. Woher dann aber der Name des Sees? Er verdankt sich der am südlichen Ufer gelegenen Badenburg. Sie wurde zwischen 1718 bis 1721 als Lustschloss für den für seine Verschwendungssucht bekannten Kurfürsten Max Emanuel (1679–1726) erbaut. Das Erdgeschoss dominiert ein üppig verzierter Festsaal mit marmornem Boden. Kunstvolle Stuckarbeiten an den Wänden und eine farbenfrohe Deckenbemalung begleiten den Betrachter. Über dem Saal liegt ein großzügiges Appartement, in das sich der Kurfürst bei Bedarf zurückziehen und ausruhen konnte. Die eigentliche Sensation aber, die seinerzeit für Furore sorgte und noch heute mächtig Eindruck macht, ist das prächtig gekachelte und beheizbare Schwimmbad im Untergeschoss der Badenburg. Während seine Durchlaucht im 8,70 mal 6,10 Meter großen Becken seine Bahnen zog, durfte ihm das Gefolge von der Galerie aus zuschauen – natürlich bewundernd. Allein die Vorstellung erweckt Heiterkeit! Und zeitgenössische Quellen bezeugen: In der schönen Badenburg fanden einst rauschende Poolpartys und ausgelassene Tanzvergnügungen statt, natürlich mit üppiger Bewirtung. Von jenem fröhlichen Treiben kann man sich noch heute ein anschauliches Bild machen. Sobald man das Lustschloss betritt (Eintrittskarte „Parkburgen", Öffnungszeiten beachten!), hebt sich der Vorhang und das Kopfkino legt los: Dann kommt es einem so vor, als tänzelte eine illustre Gesellschaft in prachtvoll wallenden Kleidern durch den marmornen Festsaal, als hörte man Stimmen und musikalische Klänge längst vergangener Feste leise von den Wänden hallen – und man fühlt sich leicht beschwingt.

TIPP

Beachtenswert ist der schöne Blick von der Terrasse über den See hinweg auf den Apollotempel.

- Badenburg, Schloss Nymphenburg 205, 80638 München
  www.schloss-nymphenburg.de
- ÖPNV: Tram 17 und N17 sowie Bus 51, 151 und N87, Haltestelle Schloss Nymphenburg

Neckisches Wasserspiel

62

Radl-Brunnen in der Hackenstraße

Einst schmückte Münchens Altstadt der wohlklingende Beiname „Klein-Venedig". Die Benennung kam nicht von ungefähr, war die Altstadt doch bis Ende des 19. Jahrhunderts von Bächen und Kanälen durchzogen. Rund 150 Jahre später prägte das Stadtmarketing für „Minga", wie München im lokalen bairischen Dialekt heißt, den Slogan „Weltstadt mit Herz". Obwohl man es seit 2006 wieder auf sich bewenden ließ, ist das Motto bis heute in aller Munde. Als neuen, überzeugenden Claim könnte die Touristikwelt auch „Stadt der Brunnen" verwenden. Denn derzeit sind annähernd 700, teils denkmalgeschützte Brunnen in der Stadt am Isarstrand verteilt. Viele davon dienen als Zierbrunnen, die den öffentlichen Raum künstlerisch aufwerten, wie beispielsweise der Radl-Brunnen. Von zwei Bäumen flankiert, steht er nahezu unscheinbar in dem Fahrbahnknick, an dem die Hackenstraße in die Brunnstraße übergeht. Kunstwerk und Standort haben einiges zu erzählen. So zeigt der von Bildhauer Ernst Andreas Rauch 1967 entworfene Brunnen ein Mühlrad, das von einem Burschenkopf mit prall gefüllten wasserspeienden Backen angetrieben wird, bevor sich das kühle Nass ins Rundbecken aus Muschelkalk ergießt. Faszinierend: Das in Bronze gegossene Mühlrad wirkt wie aus Holz gefertigt. Dass der Radl-Brunnen auch Radspielerbrunnen heißt, hängt mit dem 1678 erbauten Palais Rechberg zusammen, in dem ab 1859 die Familie Radspieler wohnte und ihr Vergolderwarengeschäft betrieb. Daher rührt bis heute der Name Radspielerhaus und vielleicht auch seine leuchtend gelbe Fassade. 1827/1828 lebte Heinrich Heine dort, der mittags häufiger in der nur wenige Schritte entfernt liegenden Gaststätte „Hundskugel" speiste. Das 1440 erstmals erwähnte Gasthaus galt bis zu seinem Ende 2011 als eine der ältesten Gaststätten Münchens. Inzwischen gehört das äußerlich unveränderte Gebäude der „Stiftung Sternenstaub", die humanitäre Projekte unterstützt. So manche Geschichte vermag der verspielte Radl-Brunnen zu erzählen, wenn man seinem Plätschern lauscht.

TIPP

Tolles vegetarisches Lokal Prince Myshkin (Hackenstraße 2), minimalistisches Interieur, exquisite Küche.

- Radl-Brunnen, Hackenstraße 12, 80331 München
- ÖPNV: Bus 52 und 62, Haltestelle St.-Jakobs-Platz

RADSPIELER
M SL 1120
M BU 2181

Im Storchengang

63

Kneippbecken im Taxispark

Um glücklich zu sein, braucht es oft nicht viel. Manchen Menschen reicht sogar schon ein kleines, bescheidenes Kneippbecken, um die Stimmung auf Wolke sieben zu heben. Und genau das ist im reizvollen Taxispark im Stadtviertel Gern in Neuhausen-Nymphenburg zu finden. Die kleine Grünanlage, knapp ein Jahrhundert lang nur für Mitglieder des Vereins Erholungspark für Kriegs- und Körperbeschädigte zugänglich, hat München mit Mitteln aus dem Stadtsäckel gepachtet und 2018 für alle Bürger wirklich schön gestaltet. Davon haben zwar nur die wenigsten etwas mitbekommen, umso mehr profitieren indes die Besucher. Tatsächlich überrascht die schmucke Oase der Entspannung, wie man sie in der Gegend liebevoll nennt, mit überzeugenden Angeboten. Auf kleinstem Raum, der Park hat nicht einmal die Größe von zwei Fußballfeldern, sticht etwa ein Senkgarten hervor. Dieser tiefergelegene Gartenbereich entstand, indem im ehemaligen Schwimmbecken, von einer Glaswand umfriedet, drei Ebenen angelegt wurden. Kleinbäume, Stauden und Sträucher säumen die Sitzflächen und schützen im Sommer vor direkter Sonnenbestrahlung. Zusätzlich laden Bänke und Sitzwürfel zum Verweilen ein. Daneben ist ein circa 45 Zentimeter tiefes Kneippbecken in den Boden eingelassen, das Bassin wird von einer Pumpe mit kaltem Grundwasser gespeist. Darin sieht man an warmen Tagen wassertretende Zeitgenossen – einzeln oder in kleinen Gruppen – hintereinander im Storchengang durchs erfrischende Nass staken. Dabei werden die Beine abwechselnd auffallend hoch aus dem Wasser gehoben. Das mag auf Passanten möglicherweise etwas schräg wirken, regt aber den Kreislauf an, fördert die arterielle Durchblutung und verhilft abends zum besseren Einschlafen. Für Trainingseinheiten stehen Fitnessgeräte bereit. Anschließend kann man sich im Grünen auf einer der geschwungenen Parkbänke niederlassen und ausruhen. Die von mancherlei Unbill des Alltags gebeutelte Seele wird sich für diesen erholsamen Müßiggang mit Sicherheit bedanken.

TIPP

Im benachbarten Biergarten kann man sich an bayerischen Schmankerln und Bier laben.

● Taxispark, Paschstraße 28, 80637 München

● ÖPNV: U 1 und U 7, Haltestelle Gern; Bus 144, Haltestelle Dom-Pedro-Platz

Flussgott auf der Insel

64

Vater-Rhein-Brunnen an der Ludwigsbrücke

München hat eine hohe Dichte an blauen Orten, mitunter trennen nur wenige Meter den einen vom anderen. Im Umfeld der Ludwigsbrücke ist das beispielsweise der Fall, dort geben sie sich buchstäblich ein Stelldichein. Wie Pinselstriche auf einem Gemälde gehen die Blautöne ineinander über. Vom Kabelsteg über das Müller'sche Volksbad bis zum Vater-Rhein-Brunnen an der Ludwigsbrücke. Wie anmutig das ist, wie tröstlich diese Fülle an Blau. Doch was hat Vater Rhein am Münchner Isarstrand zu suchen? Davon erzählen die gemeißelten Inschriften am Brunnen: Demnach stand das dem Flussgott Rhenus gewidmete neubarocke Wasserspiel ursprünglich auf dem Place Broglie in Straßburg. Geschaffen von einem Münchner Bildhauer, gestiftet von einem Elsässer Notar, in einer Zeit, als die Deutschen dort nicht gern gesehen waren. Nachdem sie sich 1871 Elsass-Lothringen einverleibt hatten, holten es sich die Franzosen nach dem Ersten Weltkrieg zurück – und bauten den „deutschen" Brunnen wieder ab. Über Umwege und mehrere Phasen bekam der Vater-Rhein-Brunnen schließlich 1932 in der eindrücklichen Sandwich-Lage zwischen der Großen und Kleinen Isar endgültig seinen Platz. Man erreicht ihn über eine Freitreppe von der Ludwigsbrücke oder von der Praterinsel aus über den Wehrsteg. Dann steht man vor einem lang gezogenen Wasserbecken, das am Ende ein drei Meter großer in Bronze gegossener und auf einem Schifferhaken gestützter Rhenus überragt. Zur Rechten und Linken von einem Puttenpärchen flankiert, das mit einem großmäuligen Fisch zu ringen scheint. Der von Schatten spendenden Bäumen, schmalen Spazierwegen und einladenden Parkbänken gesäumte Brunnen ist ein innerstädtisches Juwel, bei Groß und Klein sehr beliebt. So manches Münchner Kindl hat seine Wassertaufe unter achtsamen Elternaugen im niedrigen Wasser seines Bassins erhalten. Und vielleicht verwandelt sich die Inseloase nach Generalüberholung der Ludwigsbrücke (2020–2022) sommers wieder in einen Kulturstrand – mit Liegestühlen, Longdrinks und flotter Musik?

TIPP

Gegenüber liegt das Deutsche Museum, das größte Wissenschafts- und Technikmuseum der Welt.

- Vater-Rhein-Brunnen, Auf der Insel, 80538 München
- ÖPNV: Tram N17, Haltestelle Deutsches Museum; Bus 132, Haltestelle Ludwigsbrücke

ARGENTORATO

Auf dem Trockenen

65 Liegende Quellnymphe im Bavariapark

Im ehemaligen Ausstellungspark auf der Theresienhöhe, im Rücken von Ruhmeshalle und Bavaria, stand einmal ein einzigartiges Künstlertheater. Das von Architekt Max Littmann für die Kunstgewerbe-Ausstellung München 1908 entworfene Gebäude war das erste, komplett im Jugendstil erbaute Spielhaus Deutschlands: die Bühne flach, sechs Meter tief, der Zuschauerraum amphitheatralisch gestaltet, der Orchestergraben – anders als bis dahin üblich – fehlte. Die wunderschöne Eingangsfassade, leicht geschwungen und wohldosiert mit plastischem Schmuck verziert, wurde von zwei Nebengebäuden mit vorgelagerten Arkaden flankiert – links der Basar, rechts das Theatercafé. Eine sehr breite und nur wenige Stufen flache Freitreppe entließ die Besucher auf den Theatervorplatz, auf dem zwei viereckige Grünflächen ein ebenso geformtes Wasserbassin einrahmten. Darin ein Sockel, auf dem sich eine nackte Quellnymphe behaglich räkelt, ein gerafftes Tuch lässig über einen Arm geworfen. Der andere stützt sich auf eine liegende Amphore, aus der köstlicher Rebensaft ins Brunnenbecken rinnt, als sollte sich das Wasser darin in Wein verwandeln. In der linken Hand hält sie ein von Früchten und Blumen überquellendes Füllhorn. Ein Sinnbild für Lebenslust im Überfluss. Doch im Zweiten Weltkrieg wurde das gesamte Ensemble zerstört, das Münchner Künstlertheater und das Brunnenbecken. Allein die liegende Quellnymphe, ein Werk der befreundeten Bildhauer Heinrich Düll und Georg Pezold, hat die Detonationen überlebt. Nun sitzt sie seit vielen Jahren im Bavariapark auf trockenem Wiesengrün. Doch steht man vor ihr, scheint der Wein aus der Amphore noch immer das Bassin zu füllen. Die Parkanlage auf der Schwanthalerhöhe liegt etwas versteckt hinter der Bavaria-Statue, ihr Bekanntheitsgrad unter Münchnern ist sehr gering. Ein dichter Ring aus alten Bäumen, in dem sich weitere steinerne und bronzene Skulpturen aus dem beginnenden 20. Jahrhundert finden, umschließt eine weitläufige Wiesenfläche. Wer Stille sucht, ist hier richtig.

TIPP

Zwischen Grünanlage und Verkehrsmuseum lockt das Wirtshaus am Bavariapark mit seinem Biergarten.

- Liegende Quellnymphe, Theresienhöhe, 80339 München
- ÖPNV: Bus 134, Haltestelle Theresienhöhe; U 4 und U 5, Haltestelle Schwanthalerhöhe

Herrliche Wassermusik

66

Wasserfall Köglmühlbach im Englischen Garten

Ob man in München lebt oder seine Urlaubszeit verbringt, der Englische Garten steht mit sehr hoher Wahrscheinlichkeit auf dem Erholungsprogramm. Schließlich zählt die Grünanlage weltweit zu den größten innerstädtischen Parks, sie steckt sogar New Yorks Central Park in die Tasche. Fünf Millionen Besucher im Jahr sprechen eine klare Sprache. Auf dem Hike hakt man dann die üblichen Highlights ab – von der Surfwelle am Eisbach über den Chinesischen Turm bis zum Kleinhesseloher See –, und schon hat man alle Motive mit hoher Instagrammability im Kasten. Dabei hat der Englische Garten viel mehr sehenswerte Orte zu bieten, Orte voller Glückspotenzial. Einer davon ist eigentlich unübersehbar, trotzdem flanieren etliche Spaziergänger häufig achtlos daran vorbei. Dieser nur zu empfehlende „blaue" Ort befindet sich in bester bauhistorischer Gesellschaft. Die Bayerische Staatskanzlei, Amtssitz des Ministerpräsidenten, das für Repräsentationszwecke genutzte Prinz-Carl-Palais und das Haus der Kunst sind in Sichtweite. Auch das Japanische Teehaus auf der kleinen Insel im Schwabinger Bach ist nur einen Steinwurf entfernt. Und mittendrin schießt ein breiter Wasserstrahl hervor, der unter einem auffälligen Steinbogen der Brücke, auf der die Von-der-Tann-Straße verläuft, als Köglmühlbach hervortritt. Für den Hauch einer Sekunde scheint sein Wasser in der Luft zu stehen, um dann anderthalb Meter in die Tiefe zu fallen. Dort sammelt es sich, aufgewühlt und mit weißer Gischt, als Schwabinger Bach, der seinen Weg durch den ganzen Englischen Garten nimmt, um rund 16 Kilometer später nahe Garching in die Isar zu münden. Nähert man sich dem Wasserfall von der Seite, wird man Ohrenzeuge eines akustischen Spektakels. Mit jedem Schritt überdeckt eine großartige Wassermusik zunehmend das permanente Autogetöse, bis man nur noch vom frischen Rauschen umgeben ist. Alles andere ist verschwunden. Hinfortgespült. Für Sekunden, Minuten oder Stunden. Jeder hat die Wahl. Immer wieder herrlich.

TIPP

Gleich nebenan ist das Haus der Kunst, ein weltweit führendes Zentrum für zeitgenössische Kunst.

- Wasserfall Köglmühlbach, Nähe Prinzregentenstraße 1 (Haus der Kunst), 80538 München
- ÖPNV: Bus 100 (Museenlinie) und Tram 16, Haltestelle Nationalmuseum/Haus der Kunst

Mit Fontäne und Esprit

67

Bordeauxplatz im Franzosenviertel

Man muss nicht erst mühsam durchs alpine Hochgebirge kraxeln, um im steilen, rauen Gelände einem Steinbock über den Weg zu laufen. Dem Kletterkünstler aus der Gattung der Ziegen kann man auch völlig mühelos unweit vom Münchner Ostbahnhof am Bordeauxplatz begegnen. Allerdings nicht in natura, sondern aus Muschelkalk, das steinerne Tier ist geologisch betrachtet also mariner Herkunft. Seit 1929 thront der Bock in Gesellschaft von Eber, Widder und Rehbock auf mächtigem Sockel. Die vier großen Skulpturen schmücken die Eckpfeiler des „Brunnen mit jagdbaren Tieren". Das zwanzig mal neun Meter große Becken, aus dessen Mitte eine kleine von naturbelassenen Tuffsteinbrocken umgebene Fontäne aufsteigt, ist das Herzstück des Bordeauxplatzes im französischen Viertel von Haidhausen. Gesäumt von einer Lindenallee, in deren Schatten man auf zahlreichen Parkbänken schön sitzen und seine Gedanken schweifen lassen kann. Vor allem an sonnenreichen Tagen – auch bei extremen Temperaturen – lässt es sich hier wunderbar aushalten und erholen, insbesondere zur Blütezeit, wenn die Blumenbeete an den halbrunden Stirnseiten der Parkanlage ihre farbenfrohen Prachtgewänder tragen. Vor der Kulisse der saftig grünen Rasenflächen, die sich rechts und links vom Brunnen wie Teppiche entrollen, leuchten ihre Farbtöne noch intensiver, es ist ein wahres Fest für die Sinne. Angesichts dieser wohltuenden Eindrücke verblasst sogar der beständige Zivilisationslärm der vorbeisurrenden Trambahnen und des dauernden Autoverkehrs, der sich entlang beider Längsseiten in nord-südlicher Richtung langsam über die Wörthstraße schiebt. Zudem prägen den weitläufigen Bordeauxplatz die Gründerzeitfassaden alter Bürgerhäuser, deren Ursprünge bis ins späte 19. Jahrhundert reichen. Nicht zuletzt runden die ansprechenden Lokale und Cafés des Viertels den stimmigen Gesamteindruck ab. Mit einem Gläschen Wein kann man dann insgeheim oder offen auf den Bordeauxplatz anstoßen und sich ein bisschen wie Gott in Münchens Frankreich fühlen.

TIPP

Rund 200 Meter entfernt liegt der sehenswerte Pariser Platz.

● Bordeauxplatz, Wörthstraße 31, 81667 München
● ÖPNV: Tram 16, 21, 31 und N19, Haltestelle Wörthstraße

Versteckte Pracht

68 Nornenbrunnen am Maximiliansplatz

In München gibt es sehr viele Brunnen. Doch nur ein Bruchteil davon erlangte große Berühmtheit. Der Wittelsbacher Brunnen am Lenbachplatz etwa und auch der Neptunbrunnen im Alten Botanischen Garten sind den Einheimischen und zahlreichen Touristen bereits wohlbekannt. Andere hingegen fristen aus unverständlichen Gründen ähnlich Hidden Champions ein eher unauffälliges Dasein. Eine solche verborgene Größe ist beispielsweise der Nornenbrunnen am Maximiliansplatz. Zugegeben, das von alten Bäumen dicht beschattete Prachtexemplar steht etwas versteckt in einer kleinen Grünanlage gleich neben dem Stammhaus der hiesigen Industrie- und Handelskammer. Umkreist von vier, teils verkehrsreichen Straßen, nimmt man dieses Schmuckstück leider kaum wahr, obwohl der Brunnen aufgrund seiner ungewöhnlichen Form auffallen müsste. Eine riesige aus Muschelkalk gefertigte Schale, die auf einem mächtigen Sockel ruht, bestimmt das Wasserspiel-Geschehen. Drei schlitzartige Abflüsse unterhalb des Schalenrands speisen drei runde ebenerdige Flachbecken, die den Sockelfuß rosettenartig umkränzen und in denen das Wasser bläulich-grün leuchtet. Die große Wasserschale wird seitlich von den drei germanischen Schicksalsfrauen, den Nornen Urd, Verdandi und Skuld gestützt, die man aus der „Edda", der Sammlung altnordischer Götter- und Heldenlieder kennt. Der weibliche Dreierbund versinnbildlicht nicht weniger als Vergangenheit, Gegenwart und Zukunft. Das Besondere: Während sich die meisten prachtvollen Brunnen Münchens in der Ausgestaltung an griechischen oder römischen Mythologien orientieren, geht der um 1910 entstandene Nornenbrunnen auf nordische Überlieferungen zurück. Ursprünglich plätscherte er übrigens unter weitaus mehr Aufmerksamkeit am Stachus, bis er dem zunehmenden Verkehr weichen musste. Deshalb steht das Baudenkmal seit 1965 am Maximiliansplatz. Unverändert monumental, aber eben am Rande des weltstädtischen Trubels. Trotzdem ist er wunderschön anzusehen – vorzugsweise von einer seiner seitlichen Parkbänke.

TIPP

Im IHK-Stammhaus befindet sich das lichtdurchflutete Börsencafé (Mo-Fr 11.30–13.30 Uhr).

- Nornenbrunnen, Maximiliansplatz, 80333 München
- ÖPNV: Bus 91, N40, N41, N45 und Tram 19, Haltestelle Lenbachplatz; U 4 und U 5, Haltestelle Stachus

Mordsgaudi am Ländkanal

69

Gasthof Hinterbrühl in Thalkirchen

In München gibt es viele denkmalgeschützte Gebäude, deren Grundsteinlegung im 18. Jahrhundert stattfand. Doch nur das Gasthaus Hinterbrühl hat in seiner Gründungsgeschichte mit den Isarflößern zu tun. Wo einst Brennöfen loderten, um Baustoffe wie Putz und Mörtel aus Kalkstein herzustellen, entstand mit der Eröffnung der zentralen Floßlände in der unmittelbaren Nachbarschaft ein völlig neuer Versorgungsbedarf. Die Flößer, die Bauholz und andere Waren aus Mittenwald oder Wolfratshausen isarabwärts in die schnell wachsende Stadt München fuhren, hatten nach getaner Arbeit vor allem eins: großen Hunger. Durst womöglich auch. So wurde aus der Kalkbrennerei schon bald eine florierende Gastwirtschaft. Später bereitete die aufkommende Eisenbahn dem Flößergeschäft zwar den Garaus, aber längst hatten die Münchner die Gaststätte als beliebte Einkehr für sich entdeckt. Das Gasthaus erfuhr im Laufe der Jahre wiederholt Umbauten und ist heute immer noch an Ort und Stelle – an der Zentralländstraße neben dem Ländkanal, unweit der ehemaligen Anlegestelle. Nach wie vor ist es mit seinen hölzernen Balkonen, die versetzt die gelbe Fassade schmücken, eine Augenweide, nicht zu vergessen der prächtige Hirschkopf an dem rückwärtigen Giebel. Und im schönen Biergarten unter alten Kastanien schmecken das Hendl, der resche Krustenbraten oder die einfache Brotzeit mitsamt der Maß Bier besonders gut. Vor allem dann, wenn man sich zuvor ein Sonnenbad am nahen Hinterbrühler See gegönnt hat (Schwimmen darf man nämlich nicht!) oder im Park ein wenig lustwandeln war. Und während der – nunmehr nur noch touristischen – Floßfahrtsaison zwischen Ende April und Mitte September gleiten am frühen Nachmittag die Flöße auf dem Ländkanal unterhalb des Biergartens vorbei. An Bord herrscht stets eine „Mordsgaudi", und wie zur Verstärkung spielt die Musikkapelle in Sichtweite des Gasthofs noch einmal kräftig auf. Sogleich erheben sich viele der Biergartengäste, die auf diesen Moment gewartet haben, und winken der Floßbesatzung freudestrahlend zu.

TIPP

Das Denkmal „Der Isarflößer" befindet sich nahe der letzten Floßrutsche an der Conwentzstraße.

- Gasthof Hinterbrühl in Thalkirchen, Tel. (0 89) 79 44 94
  www.gasthof-hinterbruehl.de/
- ÖPNV: U 3, Haltestelle Thalkirchen, dann mit Bus 135 (Richtung Solln) bis Haltestelle Hinterbrühl

Römische Glücksgöttin

70 Fortunabrunnen auf dem Isartorplatz im Lehel

Was wäre die Welt ohne Glücksgöttin? Gottlob steht eine am Isartorplatz im Lehel. Dass die drei abzweigenden Hauptverkehrsadern diesen Platz zu einem Lärmknotenpunkt Münchens machen, ist sicher nicht schön. Aber das historische Isartor, eines der wenigen erhaltenen Stadttore in der Altstadt, macht diesen Nachteil allemal wett. Besondere Aufmerksamkeit verdient das 20 Meter breite Wandfresko. Es zeigt den festlichen Empfang Ludwig IV., bekannt als Ludwig der Bayer, nach der siegreichen Schlacht gegen den Habsburger Friedrich den Schönen im Jahre 1322. Im Isartor ist übrigens das immer besuchenswerte Valentin-Karlstadt-Musäum beheimatet. Schön ist auch der kleine Fountain Park schräg gegenüber vom Isartor, in dem die römische Glücks- und Schicksalsgöttin seit 1907 auf dem Fortunabrunnen thront. Die achteckige Außenwand des Wasserbassins schmücken Reliefs, die realistische Motive aus Landwirtschaft, Fischerei und Weinbau zeigen: Pferde, Kühe, Fische, Weinreben und Männer mit Arbeitsgeräten. Die mittige Stele ist von vier kleinen Meerjungfrauen mit wasserspeienden Fischen in Händen umgeben, deren Fontänen an die bei Volkstänzen häufig getragenen Blumenbögen erinnern. Über allem ragt meterhoch die bronzene Glücksgöttin empor, ihr langes Haar zu einem Pferdeschwanz gebunden, im Arm ein langes Füllhorn mit Blumen – und vollkommen nackt. Dieser Umstand sorgte zur Zeit der Brunnenaufstellung für einigen Unmut. Heimlich verpassten ihr damalige Moralapostel einen Lendenschurz aus Drahtgeflecht, der im Laufe der Jahre bis auf wenige Reste verschwand. Bei diesem Brunnen ging es freilich nie um Körperkultur, sondern um die existenzielle Bedeutung des Wassers für die Landwirtschaft. Und die braucht zu allen Zeiten Glück und den Segen Fortunas. Geschaffen wurde der Fortunabrunnen Anfang des 20. Jahrhunderts von dem Münchner Bildhauer Karl Killer anlässlich der aufwendigen Umgestaltung des Isartorplatzes. Weitere Arbeiten von Killer finden sich in München in der Winthirkirche und Peterskirche.

- Fortunabrunnen, Isartorplatz, 80331 München
- ÖPNV: S 1–S 4, S 6–S 8, Tram 16, 19, N17, N19 und Bus 132, Haltestelle Isartor

COCOON

Unterwasserwelten

71 Aquarium im Tierpark Hellabrunn

Es gibt viele gute Gründe, den Tierpark Hellabrunn aufzusuchen. Einer der häufigsten ist der Wunsch, die sorgenvolle Weltlage einmal auszublenden. Mit anderen Worten: Man entflieht der Menschenwelt, um in Tierwelten einzutauchen. Und die sind im weltweit ersten Geozoo seit 1928 nach Kontinenten aufgeteilt. Beim Besuch begibt man sich sozusagen auf eine ebenso abwechslungsreiche wie abenteuerliche Reise, die von den Polarkreisen nach Afrika und von Europa über Asien und Amerika bis nach Australien führt. Allerdings wandelt man dort nicht nur zwischen den Erdteilen, man kann auch in blau leuchtende Unterwasserwelten abtauchen: ins Aquarium. Durch großflächige Panoramafenster kann man Korallenriffe betrachten, die sich am Grund des 100.000 Liter Salzwasser fassenden Bassins in frohen Farben präsentieren. Darüber gleiten zwei stromlinienförmige Schwarzspitzen-Riffhaie hinweg – beides Weibchen, Schwestern noch dazu und knapp zwei Jahre jung. Perfekt ans Wasser angepasst, erzeugt ihre „aalglatte“ Haut so gut wie keine Reibung. Mit Brustflossen und Schwanz steuern sie lautlos mit ganz wenig Widerstand durch ihr aquamarinblaues Reich. Damit die beiden Haifische dieses nicht als begrenzt erfahren, gibt es vier Strömungspumpen im Becken, die mehrere Strömungskanäle schaffen. Und so ziehen sie ihre endlosen Kreise immer weiter. Die anderen tropischen Korallenfische im 14 Meter breiten Bassin lässt das augenscheinlich vollkommen kalt. Die wabenförmig gefleckte Netzmuräne ebenso wie die kleineren Riffbewohner in leuchtenden Tönen, gestreift und unifarben, wie man sie aus dem Pixar-Film „Findet Nemo“ kennt. Gewiss, im Aquarium ist man selten allein, gleichwohl strahlen die durchs Wasser gleitenden Fische eine unglaubliche Ruhe aus, die einen tief berührt. Weitere Glücksorte mit blauem Potenzial finden sich in Hellabrunns Polarwelt, die Tiere vom Süd- und Nordpol in arttypischen Gehegen getrennt vereint: Eisbären, Pinguine, Mähnenrobben, Schneeeulen, Schneehasen und Polarfuchs.

TIPP

In der Zoo-Polarwelt beeindrucken besonders die Eisbären und Königspinguine.

- Tierpark Hellabrunn (Flamingo-Eingang), Tierparkstraße, 81543 München, Tel. (0 89) 62 50 80, www.hellabrunn.de
- ÖPNV: U 3, Haltestelle Talkirchen (Tierpark); Tram 15 und 25, Haltestelle Tiroler Platz (ca. 15 Gehmin.); Bus 52, Haltestelle Tierpark (Alemannenstraße)

AQUARIUM
AQUARIUM

Südliche Geselligkeit

72 Seehaus im Englischen Garten

Unter freiem Himmel am seichten Wasser sitzen und sich von der Sonne die Wangen sanft streicheln lassen. Tiefenentspannt die Aussicht auf einen hübschen, von Bäumen gesäumten See genießen, auf dem Enten und Schwäne stoisch ihren Kurs verfolgen, in Gruppen oder alleine. Eine große Dosis romantischen Zaubers erfahren, während man mit seinem Herzallerliebsten zusammen in den Sonnenuntergang rudert. Oder einfach durch sonnenbrillengetöntes Glas das Schwabinger Publikum – Einheimische wie Touristen – beim Flanieren oder geselligen Beisammensein im Biergarten studieren. Das alles und noch viel mehr kann man im Englischen Garten im Seehaus erleben. Das Restaurant mit gehobener bayerischer Küche, sonnenverwöhnten Terrassen und schönem Biergarten liegt direkt am Ufer des Kleinhesseloher Sees mit seinen drei Inseln (Königs-, Kurfürsten- und Regenteninsel) und ist nur schwer zu toppen. Die einladende Location, die wegen ihrer enormen Größe selbst von Ortsfremden nicht zu verfehlen ist, befindet sich inmitten der Parkanlage, die sich wie gemalt entlang der Isar entfaltet. Ausreichend Plätze sind vorhanden, mindestens einen davon können spontane Besucher trotz der hohen Nachfrage problemlos ergattern. Nur wer in kleinerer oder mittlerer Teamstärke aufkreuzt, sollte lieber Vorsorge treffen, indem er frühzeitig reserviert – fürs Lokal selbst und für die zugehörigen Terrassen. Im Biergarten hingegen heißt es wie überall und immer: Wer suchet, der findet. Man darf sogar seine eigene Brotzeit mitbringen und picknicken, dazu holt man sich die frische Maß und warme Brezn aus der nahen Schenke. Allerdings gibt's dort neben den herzhaften bayerischen Schmankerln auch den köstlichen Steckerlfisch von keiner Geringeren als der Fischer-Vroni, der Alt Münchner Steckerlfischbraterei – mancher wird den Namen vom Oktoberfest her kennen. Hier kann man den ganzen Tag herrlich verbringen oder den Abend in geselliger Runde ausklingen lassen – Erinnerungen an südliche Gefilde werden lebendig.

TIPP

Immer samstags von 9 bis 13 Uhr findet neben dem Seehaus ein kleiner, aber feiner Bauernmarkt statt.

- Seehaus im Englischen Garten, Kleinhesselohe 3, 80802 München, Tel. (0 89) 3 81 61 30, www.kuffler.de/de/restaurant/seehaus
- ÖPNV: U 3 und U 6, Haltestelle Münchner Freiheit; Bus 54, 58, 154, N43, alle Haltestelle Chinesischer Turm

Diebische Freude

73

Pumuckl-Brunnen im Luitpoldpark

Wer gerne ohne Vorankündigung nass wird, der ist während der Brunnensaison im Stadtbezirk Schwabing-West richtig, genauer gesagt, im Luitpoldpark. Längs von Belgrad- und Schleißheimerstraße flankiert, nördlich und südlich begrenzt von Petuelring und Karl-Theodor-Straße, ist diese städtische Grünanlage ganzjährig geöffnet. Dabei mutet sie auf den ersten, zweiten und jeden weiteren Blick ebenso beschaulich an, wie es darin zugeht. Für überraschende Abkühlung sorgt – Achtung! – der Pumuckl-Brunnen. Mit der berühmten Koboldfigur, erfunden von Ellis Kaut im Jahr 1961, können die meisten Menschen etwas verbinden: lustige Geschichten, einen kleinen Wicht mit gelbem Hemd, grüner Hose und feuerrotem Haar sowie das vertraute Filmgesicht des Münchner Schreiners Meister Eder. Doch davon, dass es hier einen von der berühmten Autorin gestifteten Pumuckl-Brunnen gibt, haben nur die allerwenigsten gehört. Auch ist er nicht ganz so leicht zu finden. Seit 1985 steht er etwas versteckt zwischen Bamberger Haus und – wie könnte es anders sein – Pumuckl-Spielplatz nebst verlockendem Heckenlabyrinth. Am schnellsten ist er von der Brunnerstraße aus zu erreichen. Dort tanzt der in Bronze gegossene Kobold auf einer steinernen Stele in Form eines Baumstumpfes, einen Arm und ein Bein in die Luft geworfen, scheint er sich vor Lachen zu schütteln. Dabei spuckt er in seiner unnachahmlich frechen Art einen Wasserstrahl bis zu vier Meter weit – ein Lama würde erblassen. Da Pumuckl in unregelmäßigen Intervallen losprustet, landet er so manchen Überraschungstreffer. Man meint sein Jauchzen hören zu können, während man sich nun selbst schüttelt und lachen muss. Um sich vom heiteren Wasserüberfall angemessen zu erholen, sucht man am besten das Bamberger Haus auf, ein Kleinod mit prächtigem Festsaal. Dort trocknet man auf der Sonnenterrasse des gepflegten Biergartens beim Verzehr ausgesuchter Schmankerl besonders genussvoll.

TIPP

Vom Luitpoldhügel im Park hat man einen herrlichen Blick über die Stadt hinweg bis zu den Alpen.

- Pumuckl-Brunnen im Luitpoldpark, Brunnerstraße 2, 80804 München
- ÖPNV: U 2, U 3, U 8, Tram 12, 27, 28 und Bus 140, 141, 142, 144, Haltestelle Scheidplatz

Weg der Legenden

74 Munic Olympic Walk Of Stars im Olympiapark

Was haben Udo Lindenberg, Elton John, B.B. King, Lenny Kravitz, Liza Minnelli, Carlos Santana, James Last, Udo Jürgens und Earth, Wind & Fire gemeinsam? Klar, sie sind alle von Euterpe geküsst, der Muse der Musik und Schutzgöttin der Künste. Darüber hinaus gibt es aber eine weitere Verbindung, die diese Künstler mit München verknüpft. Neben vielen anderen haben sie im Munich Olympic Walk Of Stars, kurz MOWOS genannt, dauerhaft ihre Spuren hinterlassen. Nicht mit den Füßen, sondern mit ihren Händen haben sie sich hier in Beton verewigt. Der bislang rund 400 Meter lange Weg der Legenden schlängelt sich am Willi-Daume-Platz am Nordufer des Olympiasees entlang. Dort reihen sich inzwischen bereits über 100 eingelassene 90 mal 90 Zentimeter große Platten mit kleinem Abstand aneinander. Hier haben leidenschaftliche Fans und generelle Musikliebhaber die Gelegenheit, sich ihren weltweit bekannten Bühnenhelden ungehindert zu nähern. Mehr noch: sich in gewisser Weise mitten unter ihren Stars niederzulassen – den See im Rücken, auf einer der Parkbänke, solange man eben will. Weit und breit ist keine Security in Sicht, um über Sicherheitsabstände zu wachen. Manchmal kann man sogar Besucher beobachten, die vor einer der Betonplatten andächtig in die Knie gehen, um nach kurzem Innehalten die eigene Hand sanft in den Handabdruck ihres Idols zu legen. Nicht selten zeigt sich auf ihren Gesichtern ein glückliches Lächeln, das ansteckend wirkt. Auch hier wird die verbindende und universale Kraft der Musik demonstriert, da stört nicht einmal der begrenzte Charme des ansonsten recht trostlosen asphaltierten Platzes. Zumal das weitere Umfeld die graue Kargheit des Ortes spürbar kompensiert. Hinterm bläulich schimmernden Olympiasee weitet sich ein idyllischer Raum mit gepflegten Baumgruppen und sanften Hügeln, von denen aus man über München bis zu den Alpen schauen kann. Wenn dann noch aus dem Kopfhörer Lindenbergs „Hinterm Horizont geht's weiter" erschallt, ist die Welt vollkommen in Ordnung.

TIPP

Der Olympiapark Biergarten lädt auf ein kühles Blondes ein.

- Munich Olympic Walk Of Stars, Spiridon-Louis-Ring 7, 80809 München www.olympiapark.de
- ÖPNV: Bus 144, Haltestelle Spiridon-Louis-Ring; U 3 und U 8, Haltestelle Olympiazentrum

Unterm Zeltdach

75 Olympia-Schwimmhalle im Olympiapark

Es ist über 50 Jahre alt, hat Architekturgeschichte geschrieben und begeistert immer wieder aufs Neue: das Olympiazeltdach im Münchner Olympiapark. Großflächig und filigran überspannt es gleichzeitig das Olympiastadion, die Olympiahalle und die Olympia-Schwimmhalle, auch Olympiabad genannt. Die Schwimmhalle ist ein blauer Glücksort par excellence, ein riesengroßes Poolparadies, in dessen 50-Meter-Bahnen während der Olympischen Sommerspiele 1972 sämtliche Schwimm- und Sprungwettbewerbe sowie die Endspiele im Wasserball stattfanden. Hier erschwamm sich das US-Schwimmgenie Mark Spitz in sieben Disziplinen siebenmal die Goldmedaille, immer in Weltrekordzeit – das nennt man legendär. Nur ein Jahr später wurde die gesamte Anlage ein öffentliches Freibad. Seither ziehen Normalsterbliche in dem Indoorbecken neben der großen Tribüne und der gigantischen Glasfassade ihre Bahnen – mancher behauptet, Mark Spitz wäre mitgeschwommen. Ob da etwas dran ist, ist zumindest fraglich. Ganz sicher aber garantieren die fünf Schwimmbecken, sogar ein sogenanntes „Entmüdungsbecken" ist darunter, und der Sprungturm – mit drei, fünf und zehn Meter Sprungbrett – nicht unbedingt rekordträchtigen, aber fast immer himmlischen Badespaß. Und im 20 Quadratmeter großen Whirlpool fängt die sich nach Erholung sehnende Seele schon nach wenigen Minuten an, entspannt und glückselig im Wasser zu baumeln. Vor drei Jahren wurde der Saunabereich gründlich saniert: Er besteht aus unterschiedlich temperierten Saunen mit verschiedenen Bezeichnungen (Inspirationssauna, Fitnesssauna usw.) und hilft auf angenehm schweißtreibende Weise, Herz, Haut und Abwehrkräfte zu stärken. Angeboten werden unter anderem spezielle Damensaunatage (Infos dazu finden sich auf der Website). Ein absolutes Highlight und einzigartig in Deutschlands öffentlichen Bädern ist die Schneekabine, in der man sich nach dem Saunagang in künstlichem Schnee und kristallenem Eis winterlich abkühlen kann – ein eisig blaues, ja, ein unvergessliches Vergnügen.

TIPP

Vom Olympiaberg aus hat man einen wunderbaren Rundumblick über das ganze Parkgelände.

- Olympia-Schwimmhalle, Coubertinplatz 1, 80809 München, Tel. (0 89) 23 61 50 50, www.swm.de/baeder/schwimmen-sauna/olympia-schwimmhalle
- ÖPNV: U 3, Haltestelle Olympiazentrum (Ausgang B); StadtBus 173 und 180, Haltestelle Olympiazentrum; StadtBus 144, Haltestelle Olympiasee

Leuchtende Etagere

76

Wittelsbacher Brunnen am Lenbachplatz

Seit 1180 herrschte das Geschlecht der Wittelsbacher über Bayern, sämtliche bayerische Monarchen entstammen dieser Dynastie, die bis 1918 in München residierte. Bis heute begegnet man diesem Namen an allen Ecken und Enden der Stadt. Beispielhaft seien nur die Wittelsbacher Brücke, die Wittelsbacher Straße, der Wittelsbacher Platz und das Wittelsbacher Palais genannt. Nicht zu vergessen die beiden Brunnen, die nach dem Adelsgeschlecht benannt sind: der Wittelsbacher Brunnen im Brunnenhof der Residenz und der Wittelsbacher Brunnen am Lenbachplatz. Beide Baudenkmäler sind unterschiedlichen Alters, aber Letzteres ist von weitaus größerer Bedeutung. Dieser Monumentalbrunnen markiert den Übergang vom Look-and-feel des 19. Jahrhunderts zu dem des 20. Jahrhunderts, das vom Maximiliansplatz als kleine grüne Oase verkörpert wird. Außerdem ist der Wittelsbacher Brunnen die erste der städtischen Fontänen, die nach dem Winterschlaf wieder munter vor sich hinplätschern und sprudeln – ein spritziger Fanfarenstoß zum Frühlingserwachen. Womöglich wird der Brunnen aus diesem Grund auch – außer an Sonnentagen – rund um die Uhr angestrahlt. Generell macht die 25 Meter breite und vier Meter hohe Anlage großen Eindruck auf den Betrachter. Überall schäumt, spritzt und rauscht es, ein Strahl düst neben dem anderen. Hinter dem robusten Vorbecken, das sich dem Betrachter bauchig entgegenwölbt, liegt das nicht minder massive Hauptbassin. Darin erhebt sich wie eine zweistöckige Etagere eine mit mehreren Reliefs verzierte Säule, von zwei sich nach oben verjüngenden Schalen umschlossen. Während sich über den Tellerrand hinweg das Wasser wie an feinen Perlenschnüren ins Becken abseilt – im Lichtschein fluoreszierend. Die beiden Figuren auf dem Beckenrand verkörpern die Ambivalenz von Wasser: seine geröllbewegende, massive Gewalt, die man von Gebirgsbächen und Flüssen kennt, sowie seine frucht- und heilbringende Kraft, die gute Ernten ermöglicht und Dürste löscht. Welch ein Schauspiel.

TIPP

Durchatmen im kleinen Park Maximiliansplatz mit seinen Denkmälern.

● Wittelsbacher Brunnen, Lenbachplatz, 80333 München
● ÖPNV: Bus 91, N40, N41, N45 und Tram 19, Haltestelle Lenbachplatz; U 4 und U 5, Haltestelle Stachus

Idyllisches Plätzchen

77 Schwabinger Bucht im Englischen Garten

Bucht ist nicht gleich Bucht. Das sollte man wissen. Deshalb kann man den Jadebusen, jene riesige Meeresbucht vor den Toren Wilhelmshavens an Deutschlands Nordseeküste, auch nicht einfach mit der Schwabinger Bucht im Englischen Garten Münchens vergleichen. Zwar haben beide die für Buchten typische gekrümmte Form, darüber hinaus unterscheiden sie sich allerdings gravierend. Während sich beim Jadebusen das Meer wie eine Zunge ins Land zu schieben scheint, erledigt im Falle der Schwabinger Bucht eine Landzunge diese Aufgabe. Und die schmiegt sich, von einem sattgrünen Grasteppich überzogen, bis ans Ufer des Schwabinger Bachs. Darauf verteilt sind farbliche Sprenkel aus unterschiedlich hohen Sträuchern, Büschen und Bäumen zu sehen, die eine wichtige Doppelfunktion erfüllen. Zum einen spenden sie an herrlichen Tagen den unterm weiß-blauen Himmel versammelten Sonnenanbetern eine willkommene Portion Schatten; zum anderen gewähren sie den Nackerten auf dem offiziell ausgewiesenen FKK-Gelände einen natürlichen Sichtschutz. Denn – mal ehrlich – wer möchte schon seinem – aus der Hüfte eines fremden Smartphone-Voyeurs illegal geschossenen – Akt auf irgendwelchen Social-Media-Kanälen begegnen? Zum Glück liegt zwischen der Schwabinger Bucht und dem Rad- und Fußweg, der jenseits des Schwabinger Bachs verläuft, noch ein genügend breiter Grünstreifen, der für zusätzliche Distanz sorgt. Doch auch die, welche nicht der Freikörperkultur huldigen, kommen in einem kleinen Abschnitt der Bucht mit einem Hauch von Strand auf ihre Kosten. Dort kann man auch mit Kindern ins flache erfrischende Nass – ganz oder nur mit den Füßen. Zunächst aber muss man das idyllische Fleckchen Erde finden: Es liegt genau dort, wo jene beiden Geraden aufeinandertreffen, die den Aumeister (Restaurant mit Biergarten) mit dem Amphitheater und den Sportplatz am Englischen Garten mit dem Entenfallweiher verbinden. Besonders idyllisch wirkt die Bucht, wenn die ersten Sonnenstrahlen sie in ein orangefarbenes Licht tauchen.

TIPP
Der Schwabinger Bach führt aufwärts durch den gesamten Englischen Garten bis zum Haus der Kunst.

- Schwabinger Bucht im Nordteil des Englischen Gartens, 80805 München
- ÖPNV: Bus N40 und U 6, Haltestelle Studentenstadt

Seltene Schönheit

78

Kaskadenbrunnen auf dem Ostfriedhof

Der Baumbestand des Ostfriedhofs in Obergiesing ist von einer solch großen Dichte, dass man ohne Übertreibung von einem Stadtwald reden könnte. Viele Persönlichkeiten Münchens haben hier ihre letzte Ruhestätte gefunden, darunter Klaus Löwitsch, Rex Gildo, Erni Singerl und – in einem prächtigen Mausoleum – Rudolph Moshammer. Der 26 Hektar große, von einer Mauer umfriedete Gottesacker birgt viele Geschichten, darunter die eines besonders imposanten Baudenkmals, das über Jahrzehnte zu den wenigen Lost Places in München zählte. Rund 70 Jahre lang dümpelte die terrassenartige Anlage, bestehend aus Wasserbecken, Fontänen, Balustraden, Treppen und Steinbänken, nach ihrer Zerstörung im Zweiten Weltkrieg vor sich hin. Wo einst in antiker Tradition zwei Kaskadenbrunnen in vollkommener Symmetrie leise vor sich hinplätscherten, wucherten aus und an allen Ecken und Enden Grasbüschel und Strauchgewächse hervor. Die unverwechselbare einmalige Brunnenanlage, die einen Höhensprung durch ihren stufenförmigen Aufbau fast spielerisch überwindet und eigentlich völlig untypisch für einen Friedhof ist, drohte allmählich zu verschwinden. Erst die rettende Allianz aus städtischem Willen und Steuergeldern bewahrte sie 2017 vor dem Untergang. Dank seiner aufwendigen Sanierung kann man das denkmalgeschützte Schatzkästlein heute beinahe wieder im Originalzustand bewundern. Liebevoll und detailgenau wurde Stein für Stein gereinigt und im Bedarfsfall restauriert. Und gab es etwas zu erneuern, kam ausschließlich Donaukalk zum Einsatz. Heute steht so mancher Friedhofsbesucher andächtig davor und genießt das beruhigende Wasserspiel. Zur festlichen Wiedereröffnung der Brunnenanlage wurde groß aufgespielt. Die „Munich Opera Horns“ ließen wunderbare Passagen aus Händels „Wassermusik“ erklingen. Der einst verlorene Ort ist endlich wieder zurück. Die Idee für die zweiteilige Kaskadenanlage hatte übrigens der Architekt Hans Grässel. Seine Bauten und Planungen haben die Stadt München um 1900 wesentlich mitgeprägt.

TIPP

Im Giesinger Bräustüberl (Martin-Luther-Straße 2) gibt's hauseigene Biere und gute deftige Schmankerl.

- Kaskadenbrunnen Ostfriedhof, St.-Martins-Platz 1, 81541 München
- ÖPNV: Straßenbahn 18 und N27, Haltestelle St.-Martins-Platz; Bus 68, N45 und X30, Haltestelle Ostfriedhof

Farbenwunder

79

Stauwehr Oberföhring an der Isarinsel

Häufig nimmt man einen Ort nur als interessant wahr, wenn man auch seine Geschichte kennt. Diese Erkenntnis lässt sich am Stauwehr Oberföhring an der Landspitze der Isarinsel geradezu wie im Bilderbuch illustrieren. Zudem erlebt der Besucher dort unter sonnenlichtgetränktem Himmel ein Zwei-Farbenwunder, das seinesgleichen sucht – doch dazu später. Zunächst einmal nimmt der Mittlere-Isar-Kanal genau hier, wo früher ein Fährkahn zum Übersetzen herbeigeklingelt werden musste, seinen Anfang. Um ganze 64 Kilometer, sieben Laufwasserkraftwerke und 109 Gefällemeter später seine energiereiche Laufbahn kurz hinter Landshut wieder in der Isar zu beenden. Vor rund hundert Jahren ist dieser Kanal entstanden, wobei zeitweise über 8000 Arbeiter ihre starken Hände im Spiel hatten. Wahrlich kein Vergnügen, aber dringend notwendig. Denn kaum war Bayern ein Teil des neuen Deutschen Reichs von 1870/71, ging in München regelrecht die Post ab. Im Takt der sich rasant ausbreitenden industriellen Moderne schoss die Einwohnerzahl in kürzester Zeit in die Höhe, begleitet von einem wachsenden Bedarf nach Elektrifizierung. Da Bayern und München kaum über Kohlegruben verfügten, musste ein anderer Energiestoff her: Isar und Wasserkraft boten diese willkommene Alternative. Um dem Isarstrom ordentlich Beine zu machen, schob das Oberföhringer Wehr dem Fluss einen vierbogigen Betonriegel vor, hievte sein Wasser auf sechs Staumeter in die Höhe, um es sodann über ein seitliches Ablaufwerk in den neu gebauten Kanal zu entlassen. Und schon gingen in der wachsenden Metropole die Lichter an, begann Münchens Herz noch schneller zu schlagen. Zu sehen und begehen ist allerdings nur das Stauwehr, auf ihm pendelt man zwischen den Flussseiten hin und her. Das kleine Kraftwerk arbeitet im Untergrund zwischen Kanal und Fluss. Und wird damit zum beseelenden Farbwunder: Bei herrlichem Wetter schimmert die Isar nördlich des Wehrs in leuchtendem Grün, davor leuchtet einem das Wasser türkis- bis blaufarben entgegen!

TIPP

Auf der Isarinsel befindet sich ein 22 Hektar großes Freizeitgelände mit Auenwald und teils uralten Bäumen.

- Stauwehr Oberföhring, Max-Halbe-Weg, 81925 München
- ÖPNV: Bus 187, Haltestelle Grüntal bzw. Rümelinstraße

Freude und Glück

80 Berolina-Brunnen in Schwabing

Im Spätsommer 1989 hat es Klaus Meine von der Hard-Rock-Band Scorpions komponiert, zwei Jahre später war der Song ein allseits beliebter Radiofavorit. Schnell mauserte sich „Wind of Change" zur Hymne der Wiedervereinigung – und zum veritablen Welthit. Irgendwann hatte jeder die Melodie im Ohr, es wurde Mode, sie mitzupfeifen, wo immer sie zu hören war. Nur wenige Jahre zuvor hätten selbst die kühnsten Träumer nicht an den Fall der Mauer zu denken gewagt. Nicht anders ist es Bildhauer Ernst Andreas Rauch (1901–1990) ergangen, der vorwiegend mit den Materialien Holz, Stein und Bronze künstlerisch arbeitete. Sein 1980 errichteter Berolina-Brunnen, der sich in einer baumbestandenen Nische an der Johann-Fichte-Straße befindet und direkt ans Ungererbad grenzt, sollte an die in Beton gegossene Teilung Berlins erinnern. Das ist einer in den Boden eingelassenen Inschrift zu entnehmen: „Die Berolina trennt mit ihrer Hand den aufsteigenden Wasserstrahl und symbolisiert so die über viele Jahre geteilte Stadt." Inzwischen hält der geteilte Wasserstrahl die Erinnerung an die Trennung in Ost und West als Mahnung wach. Der Brunnen ist von einer halbrunden Mauer eingefasst, zwei Meter hoch ragen die verbauten Ziegel. Darauf verläuft ein Sicherheitszaun, um ein Überklettern zu verhindern. Bei Zeitzeugen der innerdeutschen Grenze stellen sich sogleich Bilder von Stacheldrahtzaun und Selbstschussanlagen ein. Bis man sich mit großer Erleichterung vergegenwärtigt, dass die Teilung Vergangenheit ist – und die Wiedervereinigung längst Teil der deutschen Geschichte. Zuletzt geriet der Berolina-Brunnen, mitunter Berlin-Brunnen genannt, zunehmend in Vergessenheit, auch den wenigsten Münchnern ist er bekannt. Doch spätestens seit Putins Vernichtungskrieg gegen die souveräne Ukraine erlebt seine Botschaft eine Renaissance. Sie lautet: Freiheit und Demokratie sind ein wertvolle Errungenschaften und auch heutzutage alles andere als selbstverständlich. Es lohnt sich dafür zu kämpfen.

TIPP

Wenige Meter entfernt: Das Spitzenrestaurant Tantris Maison Culinaire schrieb kulinarische Geschichte.

- Berolina-Brunnen, Johann-Fichte-Straße 14, 80805 München
- ÖPNV: Bus 140, 141 und N40, Haltestelle Parzivalplatz; Tram 23, Haltestelle Parzivalplatz

Bibliografische Informationen der Deutschen Nationalbibliothek
Die Deutsche Nationalbibliothek verzeichnet diese Publikation in der Deutschen Nationalbibliografie; detaillierte bibliografische Daten sind im Internet über http://dnb.d-nb.de abrufbar.

Konzeption/Satz: Droste Verlag, Düsseldorf
Einbandgestaltung und Illustrationen: Britta Rungwerth, Düsseldorf, unter Verwendung von Bildern von © Fotolia.com: jd – photodesign.de; © iStock: Plociennik Robert
Fotos: Harald Hesse (S. 39, 103: mit freundlicher Genehmigung der SNSB; S. 23, 25, 55, 65, 85, 129 mit freundlicher Genehmigung der Bayerischen Verwaltung der staatlichen Schlösser, Gärten und Seen), außer: S. 15: Hotel Bayerischer Hof, Benjamin Monn;S. 69, 93: SWM, Andreas Leder; S. 105: München Tourismus, Sigi Müller; S. 123, 157: SWM, Robert Goetzfried; S. 127, 135: München Tourismus, Luis Gervasi; S. 149: Tierpark Hellabrunn, Marc Müller

MIX
Papier aus verantwortungsvollen Quellen
FSC® C011279
FSC www.fsc.org

Druck und Bindung: LUC GmbH, Greven
ISBN 978-3-7700-2341-7

www.droste-verlag.de